THE
Archive Photographs
SERIES

BWCLE
BUCKLEY

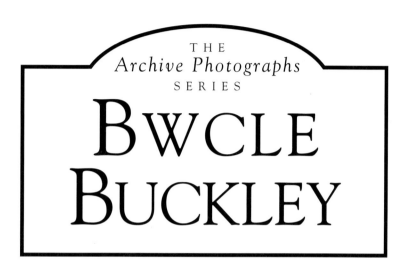

THE
Archive Photographs
SERIES

BWCLE
BUCKLEY

Casglwyd gan / *Compiled by*
Paul F. Mason,
Archifdy Sir y Fflint
Flintshire Record Office

CHALFORD

The Chalford Publishing Company
St Mary's Mill, Chalford,
Stroud, Gloucestershire, GL6 8NX

ISBN 0 7524 0748 1

Typesetting and origination by
The Chalford Publishing Company
Printed in Great Britain by
Bailey Print, Dursley, Gloucestershire

Cydnabyddiaethau
Acknowledgements

Dymuna Archifdy Sir y Fflint ddiolch i bawb a roddodd y wybodaeth a'r ffotograffau sydd yn y gyfrol hon. Ni ellid bod wedi rhoi'r gwaith at ei gilydd heb eu haelioni a'u cefnogaeth i dreftadaeth archifol Sir y Fflint.

Gyda diolch arbennig i: R. Herbert Bellis, Mrs Anne Berry, James Bentley, Joe Chesters, Mrs E. Cocking, Paul G. Davies, C.J. Dawson (Casgliad Siop Barbwr), John Dixon, Neville Dunn, Mrs Peggy Griffiths, K. Lloyd Gruffydd, Martin Harrison, Thomas J. Hopwood, Mr a Mrs Derek Lewis, J.E. Messham, Danny McLeod, Mrs A. Morris, Robin Roberts, Vic Roberts, Dewi Salisbury (Clerc y Dref, Cyngor Tref Bwcle), Mrs Carol Shone (Llyfrgellydd Bro, Llyfrgell Bwcle), Peter Wilcock, Barry Williams.

The Flintshire Record Office would like to offer its grateful thanks to all those that provided information and photographs reproduced in this book. Without their generosity and committed support to the archival heritage of Flintshire this work could not have been compiled.

With special thanks to: R. Herbert Bellis, Mrs Anne Berry, James Bentley, Joe Chesters, Mrs E. Cocking, Paul G. Davies, C.J. Dawson (Barber Shop Collection), John Dixon, Neville Dunn, Mrs Peggy Griffiths, K. Lloyd Gruffydd, Martin Harrison, Thomas J. Hopwood, Mr & Mrs Derek Lewis, J.E. Messham, Danny McLeod, Mrs A. Morris, Robin Roberts, Vic Roberts, Dewi Salisbury (Town Clerk, Buckley Town Council), Mrs Carol Shone (Community Librarian, Buckley Library), Peter Wilcock, Barry Williams.

Cynnwys/Contents

Rhagair

Gan y Cyng. R.G. Hampson, Maer Bwcle

Mae'n bleser gan Archifdy Sir y Fflint nodi canmlwyddiant Cyngor Dosbarth Trefol cyntaf Bwcle drwy gyhoeddi'r llyfr hwn o ffotograffau sy'n rhoi darlun o Fwcle a'r ardal dros gyfnod o ganrif a mwy.

Mae hanes Bwcle yn rhan annatod o'i gorffennol diwydiannol, sy'n ymestyn yn ôl i'r canol oesoedd, ac mae wedi arwain at dreftadaeth a diwylliant unigryw. Daeth teuluoedd o Swydd Stafford, Swydd Gaerhirfryn ac o Swydd Efrog i'r ardal oherwydd y crochenwaith, y gweithfeydd brics a'r glofeydd, ac mae'r cymysgedd hwn wedi rhoi i Fwcle gymeriad cryf ac annibynnol a thafodiaith unigryw. Ar ben hyn, y mae yno draddodiad anghydffurfiol sy'n cael ei goffáu bob blwyddyn gan Jiwbilî Bwcle, a sefydlwyd gan y capeli lleol ym 1857.

Mae Bwcle'n gymuned glós, ac mae hyn wedi parhau ar hyd y blynyddoedd. Mae'r pantomeim blynyddol, a sefydlwyd ym 1932 ac a gynhaliwyd am 27 o flynyddoedd, yn enghraifft nodedig o fenter leol. Rhoddodd *Buckley Young People's Cultural Association*, a sefydlwyd ym 1944, yr ysgogiad i nifer o fudiadau, gan gynnwys cymdeithasau celf a drama amatur, a bu Cymdeithas Bwcle, a sefydlwyd gyntaf ym 1946 a'i hail-sefydlu ym 1969, yn ffocws ar gyfer ymchwil i hanes lleol Bwcle a'r cylch ers y 1970au.

Cymeriad annibynnol Bwcle, yn ddiamau, oedd y cymhelliad dros greu Dosbarth Trefol Bwcle a thros ethol ei gyngor cyntaf ym 1897.

Foreword

By Cllr R.G. Hampson, Mayor of Buckley

In the centenary year of Buckley's first Urban District Council, the Flintshire Record Office is pleased to mark the occasion with the publication of this book of photographs illustrating Buckley and district over the last hundred years or more.

The history of Buckley, inseparable from its industrial past going back to medieval times, has resulted in a distinct heritage and culture. Families from Staffordshire, Lancashire and Yorkshire came to the area because of the potteries, brickworks and collieries, and the resulting mix has given Buckley people a strong independent character and unique dialect. Added to this is a nonconformist tradition which is still remembered each year in the Buckley Jubilee which was started by the local chapels in 1857.

Buckley has a strong community spirit which has endured over the years. The annual pantomime which began in 1932 and lasted 27 years is a notable example of this local enterprise and initiative. The Buckley Young People's Cultural Association, formed in 1944, provided the stimulus for other organisations, including art and amateur dramatic societies. The Buckley Society, first formed in 1946, and re-established in 1969, has since the 1970s been a focus for local history research of the Buckley area.

The community's traditionally independent character was undoubtedly the driving force in the creation of Buckley Urban District and the election of its first council in 1897.

Cyflwyniad

Gan y Cyng. Chris Bithell BA (Anrh),
Cadeirydd y Pwyllgor Llyfrgelloedd a Gwybodaeth, Cyngor Sir y Fflint

Disgrifiwyd Bwcle tua diwedd y 19eg ganrif fel 'pentref mawr a ffyniannus ... sy'n enwog am gynhyrchu brics tân'. Sail y ffyniant hwnnw oedd cyfnod o dwf diwydiannol cyson a ddechreuodd 150 o flynyddoedd cyn hynny. Dyna'r cyfnod pryd y gwelodd Gogledd Cymru gynnydd sylweddol yn y farchnad yn sgîl camlasu Afon Ddyfrdwy ym 1737.

Mae dechreuadau Bwcle'n llawer cynharach na hynny, fodd bynnag, a gellir eu holrhain i ddiwedd y drydedd ganrif ar ddeg o leiaf. Mae'n debygol bod ffurfiau cynnar ar yr enw, megis *Bukkelee* a *Bokele*, yn disgrifio'r tir uchel agored ym maenor Ewlô, a enwyd yn Fynydd Bwcle yn ddiweddarach. Un tarddiad posibl ar yr enw yw ei fod yn golygu llannerch yn y goedwig a orchuddiai rannau helaeth o Sir y Fflint yn y canol oesoedd. Mae'n debygol fod yr ardal benodol hon wedi cael ei chlirio ar gyfer tir pori a bod y rhan fwyaf ohoni wedi parhau'n dir comin ac eithrio rhai mannau lle y sefydlwyd crochendai.

Mae ffiniau Bwcle ar adeg mor gynnar, fel y gellid disgwyl, braidd yn annelwig, ac ni chawsant eu diffinio hyd at y bedwaredd ganrif ar bymtheg. Sefydlwyd plwyf eglwysig newydd Bwcle ym 1874 a chynhwysai drefgorddau Tref Ewlô, Coedwig Ewlô, Pentrobin a Bannel, a arferai fod yn rhan o blwyf Penarlâg. Fodd bynnag, roedd yr ardal y cyfeirid ati'n gyffredinol fel Bwcle yn llawer mwy a chynhwysai rannau o Bistre a'r Argoed, a oedd yn rhannu'r un gorffennol diwydiannol.

Tyfodd diwydiannau Bwcle'n gyflym yn ystod ail hanner y ddeunawfed ganrif ac erbyn y 1780au roedd yr ardal yn enwog am ei chrochenwaith a'i brics. Llwyddodd Thomas Pennant i gyfrif pedwar crochendy ar ddeg pan ymwelodd â Bwcle tua 1780, a sylwodd y Parch. Richard Warner ar 'y crochendai mawr a oedd wedi'u gwasgaru dros wyneb' Mynydd Bwcle ym 1798. Teulu Catherall a theulu Hancock oedd y prif ddiwydianwyr; Jonathan Catherall oedd y cyntaf i gynhyrchu brics tân yn ardal Bwcle, a hynny tua 1740. Erbyn diwedd y ddeunawfed ganrif, roedd nifer fawr o gynnyrch ar gyfer y gegin a diwydiant yn cael eu hallforio ar longau o geioedd ger Lower Ferry (Queensferry yn ddiweddarach) a Chei Connah i Iwerddon ac i borthladdoedd ar hyd arfordir Cymru.

Gwelwyd nifer o weithfeydd brics yn cael eu codi yn ystod y bedwaredd ganrif ar bymtheg, yn eu plith *Buckley Brick & Tile Co.* tua 1863, a *Castle Fire Brick Co.* ym 1865. Roedd datblygu'r rhwydwaith rheilffyrdd yn hwb arall i ddiwydiant a chwblhawyd Rheilffordd Wrecsam, Yr Wyddgrug a Chei Connah ym 1886, gan gysylltu Bwcle gyda Chei Connah a Shotton. Codwyd eglwys newydd ym 1822 a chodwyd neu helaethwyd nifer o gapeli yn sgîl y cynnydd yn y boblogaeth: gwelwyd cynnydd o tua 2,000 ar droad y ganrif i dros 6,000 erbyn diwedd y 1890au.

Erbyn diwedd y bedwaredd ganrif ar bymtheg, roedd y crochendai a gynhyrchai nwyddau clai ymarferol yn crebachu a dim ond tri – Lamb, Hayes, a Powell – a lwyddodd i oroesi tan y 1930au. Parhaodd nifer o weithfeydd brics i gynhyrchu brics tan y 1960au a'r adeg honno y crebachu a ddigwyddodd yn y diwydiant ledled Prydain oedd yn gyfrifol am eu cau. Bu cloddio am lo, yr un fath â chloddio am glai er mwyn gwneud potiau, ar raddfa fach ym Mwcle ers y canol oesoedd, ond roedd y diwydiant wedi tyfu'n sylweddol erbyn rhan gyntaf y bedwaredd ganrif ar bymtheg. Roedd rhwng wyth a deg glofa'n parhau ar agor yn y 1890au. Y glo olaf i gael ei godi ym Mwcle oedd hwnnw yng Nglofa'r Elm, a gaeodd ym 1934.

Gweithfeydd brics a phyllau glo oedd prif ddiwydiannau Bwcle ar un adeg, ond bellach mae gan Bwcle economi llawer mwy amrywiol. Mae ganddi unedau diwydiannol sy'n cyflogi nid yn unig bobl Bwcle ond sy'n denu gweithlu o Lannau Dyfrdwy a'r cylch yn ogystal.

Introduction

By Cllr Chris Bithell BA,
Chairman of the Libraries and Information Committee, Flintshire County Council

Buckley was described in the late 19th century as 'a large and prosperous village ... celebrated for the manufacture of fire-brick'. The basis of that prosperity was a period of sustained industrial growth which began 150 years earlier. It was at that time that north Wales saw a marked upturn in trade and commerce following the canalisation of the river Dee in 1737.

The origins of Buckley, however, are much earlier, and can be traced back to at least the late 13th century. Early forms of the name, such as 'Bukkelee' and 'Bokele' probably described that elevated area of open ground in the manor of Ewloe which later became known as Buckley Mountain. One possible derivation of the name suggests it was a clearing in woodland – part of the forest that covered large areas of medieval Flintshire. It seems likely that this particular area was cleared for grazing, and for the most part it remained as common land, apart from a few encroachments where small potteries were established.

Buckley's boundaries at this early date, as one would expect, are somewhat vague, and were not properly defined until the 19th century. The new ecclesiastical parish of Buckley, formed in 1874, comprised the townships of Ewloe Town, Ewloe Wood, Pentrobin, and Bannel, formerly in Hawarden parish. The district which was loosely referred to as Buckley, however, was much larger and included parts of Bistre and Argoed which shared a common industrial past.

During the second half of the 18th century Buckley's industries grew rapidly so that by the 1780s the district was becoming widely known for its earthenware and bricks. Thomas Pennant, when he visited Buckley about 1780, counted fourteen potteries at work, and Rev Richard Warner in 1798 noted 'the large potteries scattered over the face' of Buckley Mountain. The families of Catherall and Hancock dominated the industry, and it was Jonathan Catherall, who, about 1740, first started the manufacture of fire-bricks in the Buckley area. By the late 18th century large quantities of kitchen and industrial clay products were being shipped from wharfs near the Lower Ferry (later, Queensferry) and Connah's Quay to Ireland and ports on the Welsh coast.

The 19th century saw many brickworks springing up, including those of Buckley Brick & Tile Co. about 1863, and Castle Fire Brick Co. in 1865. A further impetus was the development of the railway network, with the completion of the Wrexham Mold & Connah's Quay Railway linking Buckley with Connah's Quay and Shotton in 1866. The building of a new church in 1822 and several new or enlarged chapels was a response to the increased population which rose from about 2,000 at the beginning of the century to over 6,000 in the 1890s.

By the late 19th century those potteries which produced functional clay goods were in decline; only three – Lamb's, Hayes's, and Powell's – surviving into the 1930s. Several brickworks remained in production until the 1960s when contraction in the UK industry brought about their closure. Coal-mining, like the extraction of clay for pot-making had been carried on in a small way in the Buckley area since medieval times. By the early 19th century the industry had grown considerably. In the 1890s there were between eight and ten collieries and pits still working. The last coal raised in Buckley was at Elm Colliery which closed down in 1934.

Buckley, once dominated by brickworks and collieries, has now a much more diversified economy with many small industrial units providing employment not only for Buckley people, but attracting a workforce from Deeside and surrounding areas.

Adran Un/Section One
Strydoedd
Streets

Y Stryd Fawr, yn edrych tua'r dwyrain ac at y Groes, tua 1910. Gorsaf yr Heddlu yw'r adeilad gyda'r portsh arno (ar y chwith); fe'i codwyd tua 1877 a'i ail-godi yn y 1930au. Nid oedd unrhyw adeiladau ar yr ochr hon rhwng gorsaf yr heddlu a'r Groes cyn y 1890au.
Main Street, looking east towards the Cross, c. 1910. The building with the porch (on left) is the police station, constructed c. 1877, and rebuilt in the 1930s. Before the 1890s there were no buildings on this side between the police station and the Cross.

Y Groes, yn edrych tua'r de, 1860au. Mae'r tolldy rhyfedd hwn, gyda'i dyredau a'i waliau castellog, yn dyddio o'r 1820au mwy na thebyg – dyma'r adeg pryd y sefydlwyd cyfundrefn y tyrpeg yn yr ardal. Roedd yr adeilad wedi mynd erbyn tua 1880 a chodwyd porthdy ger y Groes (lle y saif siop dillad dynion P.G. Jenkinson's heddiw). Mae'n ymddangos bod siop fferyllydd Thomas W. Wright (sydd i'w gweld yma) wedi bod wrth y Groes ers tua 1860.

The Cross, looking south, 1860s. The rather odd-looking toll-house with its turrets and battlements probably dates from the 1820s when turnpikes were being established in the district. By c. 1880 the building had gone, replaced by a gatehouse a short distance from the Cross – where P.G. Jenkinson's gents' outfitter's shop now stands. Thomas W. Wright's chemist's shop (seen here) seems to have been at the Cross from about 1860.

Y Groes, yn edrych tua'r de, 1950au. Gellir gweld Ysgol y Sir, a thŷ'r prifathro'n gydiol wrthi, yn y pellter. Ar y dde i'r rhain y mae Capel y Tabernacl yn sefyll uwch eu pennau; fe'i dymchwelwyd ym 1969. O flaen y capel, ar y brif stryd, gellir gweld siop esgidiau Edgar Mole, a oedd wedi bod yno ers y 1920au.

The Cross, looking south, 1950s. Looking down the road in the far distance, is the Council School and adjoining schoolmaster's house. To their right, towering above neighbouring buildings, is the Tabernacle Chapel, demolished in 1969. In front of the chapel, on the main street, can be seen Edgar Mole's shoe shop which had been there since the 1920s.

Gyferbyn: Y Groes, tua 1910. Gwelir Banc Lloyd's ar y dde, a gymerodd adeilad y *North Wales & Chester Bank* (gwelir yr enw ar blât yn y ffotograff hwn ychydig i'r dde o'r brif fynedfa). Ymhellach ymlaen o'r banc gellir gweld y Llyfrgell Rad a'i mynedfa a'i balconi mawreddog; fe'i hagorwyd ym 1904.

Opposite: The Cross, c. 1910. On the right is Lloyd's Bank, which in 1897 took over the corner premises of the North Wales & Chester Bank (whose name-plate is visible in this photograph to the right of the main entrance). Further on from the bank can be seen the Free Library with its imposing balconied entrance, opened in 1904.

Free Library and Council Chambers, Buckley.

Siambrau'r Cyngor a'r Llyfrgell Rad, 1920au. Defnyddiwyd Siambrau newydd y Cyngor gan Gyngor Dosbarth Trefol Bwcle am y tro cyntaf ym mis Hydref 1901. Cyn hyn, roedd cyngor cyntaf Bwcle, a etholwyd ym mis Tachwedd 1897, wedi bod yn cynnal ei gyfarfodydd yn ysgoldy Mill Lane. Agorwyd y Llyfrgell Rad ym mis Medi 1904. Fe'i codwyd drws nesaf i Siambrau'r Cyngor a thŷ'r gofalwr ac ar dir a roddwyd gan Robert a Thomas Griffiths o Gaer, gyda grant o £1,600 gan Sefydliad Carnegie. J.H. Davies a'i Feibion, Caer, oedd y penseiri, a Robert Peters o Fwcle oedd yr adeiladydd. Roedd Robert Chesters yn llyfrgellydd hyd at 1915, ac yna Robert J. Williamson, hyd nes iddo farw ym 1943.

Council Chambers and Free Library, 1920s. The newly completed Council Chambers were used for the first time by Buckley UDC in October 1901. Previously, Buckley's first council, elected in November 1897, had held their meetings at the Mill Lane schoolroom. The Free Library was opened in September 1904. It was built next to the Council Chambers and caretaker's house, on land given by Robert and Thomas Griffiths of Chester, with a grant of £1,600 from the Carnegie Foundation. The architects were J.H. Davies & Sons, Chester and the contractor, Robert Peters of Buckley. Robert Chesters was librarian up to 1915, then Robert J. Williamson until his death in 1943.

Gyferbyn: Y Sgwâr, Ffordd Yr Wyddgrug, yn edrych tuag at Pren Hill, tua 1915. Mae capel sgwâr y Wesleaid Saesneg i'w weld yn y tu blaen (ar y dde); fe'i codwyd ym 1884-85 gyda brics a wnaed gan aelodau'r capel. Tynnwyd y tŵr yn gynnar yn y 1960au ac fe'i caewyd ym 1994 a'i droi'n dŷ preifat ar ôl rhoi'r gorau i addoli yno. Ar yr un ochr, ymhellach i lawr y ffordd, gellir gweld y Wellington Inn. *Northgate Brewery*, Caer, oedd y perchenogion yr adeg hon, a chafodd ei chau ym 1921.

Opposite: The Square, Mold Road, looking up to Pren Hill, c. 1915. In the foreground (on right) is the Square English Wesleyan Chapel, built in 1884-85, with bricks made by members of the chapel. The spire was removed in the early 1960s. It is now a private house since worship was discontinued in 1994. On the same side, further down the road, the Wellington Inn can be seen. Owned by Northgate Brewery, Chester at this time, it closed in 1921.

12

New Swimming Baths, Buckley.

Y pwll nofio newydd, 1928. Fe'i codwyd ar y lawnt fowlio y tu ôl i'r Llyfrgell Rad a'i agor ym mis Mehefin 1928. Y pensaer oedd F.A. Roberts o'r Wyddgrug, a'r adeiladwyr oedd y Brodyr Hayes o Fwcle. Derbyniodd arian o Gronfa Glowyr Bwcle ac o Sefydliad Carnegie. Ymhlith y cyfleusterau yno adeg ei agor yr oedd pwll *slipper*, neu bwll plymio, am 6ch. Gellid cael tywelion neu wisg nofio am geiniog yr un.

New swimming baths, 1928. Built on the bowling green behind the Free Library, the baths were opened in June 1928. The architect was F.A. Roberts of Mold, and the contractor, Hayes Bros of Buckley. It received funding from the Buckley Miners' Welfare Fund and also the Carnegie Foundation. Facilities offered when the baths opened included a 'slipper' or 'plunge' bath for 6d. A towel or costume were available for 1d each.

Square and Wesleyan Chapel, Buckley

Padeswood Road, ger y Groes, tua 1915. Gwelir cip ar yr Ysgol Sirol (yr Ysgol Fwrdd gynt) a thŷ'r prifathro ar y chwith. Bu R.O. Williams, gwerthwr tybaco, ac Edward Williams y cigydd yn yr adeiladau ar y dde i Gapel Tabernacl o tua 1910 tan y 1940au.

Padeswood Road, near the Cross, c. 1915. The Council School (formerly the Board School) and schoolmaster's house is just visible on the left. The premises to the right of the Tabernacle Chapel were occupied from c. 1910 until the 1940s by R.O. Williams, tobacconist, and Edward Williams, butcher.

Gyferbyn: Brunswick Road, yn edrych o'r Groes, 1920au. Ar y chwith y mae Bert Dolby (yn dal y babi) yn sefyll y tu allan i siop gig a bwyd Jim Peters. Drws nesaf iddi, ond ychydig yn ôl, mae tŷ a siop fferins Dolby. Gyferbyn, mae'r Cosy (Temperance Hotel) a agorwyd ym 1890, a oedd yn fan cyfarfod poblogaidd ar gyfer sefydliadau lleol. Edward Roberts, a gafodd ei ethol i Gyngor Trefol cyntaf Bwcle ym 1897, oedd y perchennog ac roedd y Cosy'n parhau i gael ei ddefnyddio yn ystod y 1940au. Sylwch ar y bechgyn ar y chwith yn cario steniau; roedd hyn yn olygfa gyffredin ganol dydd ym Mwcle gan eu bod yn arfer cario lobsgows neu bwdin llaeth i'w tadau a oedd yn gweithio yn y gweithfeydd brics neu'r crochendai.

Opposite: Brunswick Road, looking from the Cross, 1920s. On the left, Bert Dolby (holding baby) is standing outside Jim Peters' butcher's and grocer's shop. Next to it, but set back, is Dolby's house and sweet shop. Opposite is the Cosy (Temperance Hotel), which opened in 1890, a popular meeting place for local organisations. Owned by Edward Roberts (elected to the first Buckley UDC in 1897) the Cosy was still in use in the 1940s. Notice on the left, the boys with billy cans, a familiar sight at midday in Buckley, as they carried stew or milk puddings to their fathers at the brickworks or pottery.

14

Brunswick Road ar ddiwrnod Jiwbilî Bwcle, yn edrych o'r Groes, 1958. Mae Kitty Johnson (sy'n dal y ci) yn sefyll y tu allan i 11 Brunswick Road, drws nesaf i siop ddillad Miss Swindley, lle y saif rhan o archfarchnad Morris heddiw. Erbyn hyn mae'r tai preifat sydd yn y pellter, ar yr ochr arall i'r ffordd, yn siopau a swyddfeydd.

Brunswick Road on Buckley Jubilee day, looking from the Cross, 1958. Kitty Johnson (holding dog) stands outside 11 Brunswick Road, next-door to Miss Swindley's clothing shop, now occupied by part of Morris's supermarket. The private houses in the distance, on the other side of the road, are now shops and offices.

Windmill Lane, yn edrych tua'r gogledd tua 1920. Sgubor ar gyfer y felin wynt oedd yr adeilad trillawr ar y chwith yn wreiddiol. Codwyd y felin wynt, a ddymchwelwyd tua deng mlynedd ar hugain cyn tynnu'r llun hwn, tua 1795 gan William Leigh Leach a Samuel Beavan ar hanner acer o dir ac fe'i prynwyd gan deulu Catherall yn fuan wedyn. O'r 1840au, y perchenogion a'r rheolwyr oedd Hugh ac Edward Lloyd. Roedd y felin yn parhau i weithio mor ddiweddar â'r 1870au ac roedd yn dal i sefyll yno ddeng mlynedd yn ddiweddarach, gyda'i hwyliau yn eu lle.

Windmill Lane, looking north, c. 1920. The three-storied building on the left originally served as a granary to the windmill which adjoined it. The windmill, demolished some thirty years before this picture was taken, was erected by William Leigh Leach and Samuel Beavan on half an acre of land about 1795, and was soon after purchased by the Catherall family. From the 1840s it was owned and managed by Hugh and Edward Lloyd. The windmill was working as late as the 1870s, and a decade later was still standing with its sails in place.

Gyferbyn: Hawkesbury House, 1960au. Ym 1801, prynodd Jonathan Catherall (1761-1833) dir ar Gomin Bwcle, a oedd newydd gael ei gau, a chododd Hawkesbury House. Symudodd yno o'i hen gartref, sydd bellach yn safle Tafarn yr Hope and Anchor, er mwyn dianc rhag llygredd ei waith brics gerllaw. Yn fuan wedyn, fe'i cafwyd yn euog a'i ddirwyo am gynnal gwasanaethau anghydffurfiol yn ei gartref heb drwydded. Fodd bynnag, rhoddwyd trwydded iddo gan yr Arglwydd Hawkesbury (yr Ysgrifennydd Cartref ar y pryd) ym 1804, ac enwodd Catherall y tŷ ar ei ôl fel arwydd o werthfawrogiad. Hawkesbury House oedd cartref y teulu am nifer o flynyddoedd ac yn ystod y 1930au, trigai Jonathan Catherall YH yno. Ddegawd yn ddiweddarach, roedd wedi cael ei droi'n ganolfan gymuned.

Opposite: Hawkesbury House, 1960s. In 1801 Jonathan Catherall (1761-1833), bought land on Buckley Common, which had just been enclosed, and built Hawkesbury House. He moved there from his previous home – now the site of the Hope and Anchor Inn – to escape the pollution from his brickworks nearby. Soon afterwards he was prosecuted and fined for holding dissenting services in his home without a licence. However, in 1804 a licence was granted by Lord Hawkesbury (then Home Secretary), and in gratitude, Catherall named the house after him. Hawkesbury remained the family home for many years and in the 1930s was the residence of Jonathan Catherall JP. A decade later it had become a community centre.

16

Mill Lane, ger y Groes, 1980au. Dymchwelwyd y bythynnod hyn o'r bedwaredd ganrif ar bymtheg er mwyn codi siopau yno yn ystod y 1990au.
Mill Lane, near the Cross, 1980s. These 19th-century cottages were demolished to make way for a new shopping development in the 1990s.

Taylor's Row, yn edrych tua'r gogledd, tua 1905. Codwyd y bythynnod hyn ganol y 19eg ganrif yn Windmill Road (Liverpool Road heddiw) gan deulu Taylor, perchenogion y crochendy yn Alltami. Yn sefyll ger bachgen y post (ar y dde eithaf) y mae Mrs Thomas Wilcock a'i mab, Charles (a gadwai'r siop radio ger y Groes o ddiwedd y 1920au). Ddechrau'r ganrif hon, roedd y tŷ ar y pen pellaf yn cynnwys siop fferins Thomas John Messham (a elwid yn 'Click' Messham yn lleol), a siop dillad dynion William Fox.

Taylor's Row, looking north, c. 1905. These mid-19th century cottages in Windmill Road (now Liverpool Road) were built by the Taylor family who had the pottery at Alltami. Standing beside the telegraph boy (far right) is Mrs Thomas Wilcock and her son Charles (who from the late 1920s had the radio shop near the Cross). Early this century Thomas John Messham (known locally as 'Click' Messham) had his sweet shop in the house at the far end of the row. The building also housed William Fox's gents' outfitter's.

Y Stryd Fawr, yn edrych tua'r dwyrain, tua 1915. Gwelir Seion, Capel y Presbyteriaid, a godwyd ym 1876, ar y chwith. Fe'i caewyd ym 1982 a'i ddymchwel ym 1989 er mwyn gwneud lle ar gyfer y ffordd osgoi a gwblhawyd ym 1997. Ychydig y tu hwnt i'r adeilad cyntaf ar y dde gwelir adeilad unllawr, a oedd yn eiddo i Fred Hughes, groser a deliwr gwartheg, yn ystod y 1920au. Yr adeilad hwn, a'r safle y tu ôl iddo, yw safle'r orsaf dân heddiw. Yr un ochr, yn y pellter, gellir gweld to uchel y Central Hall.

Main Street, looking east, c. 1915. On the left is Zion Presbyterian Chapel, built in 1876. It closed down as a place of worship in 1982 and was demolished in 1989 to make way for the bypass opened in 1997. Just beyond the first building on the right is a single-storey premises, which in the 1920s belonged to Fred Hughes, grocer and cattle dealer. This building and the area behind is now the site of the fire station. On the same side in the distance, can be seen the tall roof of the Central Hall.

Y Brif Stryd yn edrych tua'r gorllewin, tua 1910. Mae'r trap a'r ceffyl (yn y blaendir) yn sefyll y tu allan i gartref William Hopwood Iball, belmon yng Nglofa'r Elm. Ymhellach i lawr y ffordd y mae Capel Seion. Mae'r ceffyl a'r trap yn y pellter yn sefyll ger Fern Leigh, lle roedd siop ddillad a brethyn a dodrefn Thomas Jones o tua 1920 ac am dros ugain mlynedd.

Main Street, looking west, c. 1910. The horse and trap (foreground) stand outside the home of William Hopwood Iball, bellman at Elm Colliery. Further down the road is Zion Chapel. The more distant horse and trap are beside Fern Leigh, premises of Thomas Jones, draper's, outfitter's and home furnisher's from c. 1920 for over twenty years.

Y Stryd Fawr, yn edrych tua'r gorllewin, tua 1910. Mae'r ddwy ferch (yn y blaendir) yn sefyll ger Openshaw Villas, a godwyd ym 1899. Yn y pellter, ger y trap a'r ceffyl, y mae Capel Wesleaidd Brunswick, a godwyd ym 1867. Dymchwelwyd y capel, a'r tai teras a oedd yn gydiol wrtho, tua 1972 ac mae'r safle'n eiddo i *Buckley Foundry Ltd* bellach.

Main Street, looking west, c. 1910. The two girls (foreground) are standing beside Openshaw Villas, built in 1899. In the distance, near the horse and trap, is Brunswick Wesleyan Chapel, built in 1867. This, and the adjoining terrace, were demolished c. 1972, and the site now belongs to Buckley Foundry Ltd.

Liverpool House, Brunswick Road, adeg ei ddymchwel ym 1970. Tafarn y Duke of York oedd hwn yn wreiddiol. Cynhelid gwasanaethau ym mharlwr y tŷ hwn yn nyddiau cynnar Methodistiaeth Gyntefig yn y 1830au. Bu Fred Hughes, deliwr gwartheg, yn byw yma o'r 1920au.

Liverpool House, Brunswick Road, during demolition, 1970. This was originally the old Duke of York Inn. In the early years of the Primitive Methodist cause in the 1830s, services were held in the parlour of this house. From the 1920s it was the residence of Fred Hughes, cattle dealer.

Mrs Elizabeth Ellis (née Davies) o Baptist Row, Daisy Hill, 1930au. Arferai Mrs Ellis, a fu farw ym 1945 yn 85 oed, ddweud bod ei nain a'i thaid yn cofio John Wesley'n ymweld â Bwcle. Sylwer ar y palmant y tu allan i'w thŷ, sef teils deuddeng modfedd o Fwcle.

Mrs Elizabeth Ellis (née Davies) of Baptist Row, Daisy Hill, 1930s. Mrs Ellis, who died in 1945, aged 85, said her grandparents remembered John Wesley coming to Buckley. Notice the pavement outside her house, made with twelve-inch Buckley tiles.

Y Stryd Fawr, yn edrych tua'r gorllewin tua 1910. Ar y dde mae Eglwys Gatholig *Our Lady of the Rosary*, a godwyd ym 1898, ac sy'n aros fwy neu lai yr un fath heddiw ac eithrio'r rheilins haearn, a dynnwyd yn ystod yr Ail Ryfel Byd. Safai Crochendy Hancock ar y safle y tu ôl i'r eglwys. Adeilad R.D. Davies, ymgymerwyr ers yr 1890au, yw'r adeilad unllawr i'r chwith i'r eglwys, ac mae'r cwmni'n parhau yno heddiw.

Main Street, looking west, c. 1910. On the right is Our Lady of the Rosary RC Church, built in 1898, and today much the same, apart from the iron railings removed during the Second World War. Hancock's Pottery once occupied the area behind the church. The single-storey building to the left of the church is the premises of R.D. Davies, undertakers since the 1890s.

Lane End, yn edrych tua'r gorllewin, tua 1910. Swyddfa'r Post, Lane End, yw'r adeilad cyntaf ar y chwith; fe'i cedwid gan deulu Cropper, a gadwai fusnes nwyddau papur ac argraffu yno yn ogystal. Nid oedd Palace Picture House Thomas Cropper wedi cael ei godi yr adeg hon (fe'i agorwyd ym 1916).

Lane End, looking west, c. 1910. The first building on the left is Lane End post office, run by the Cropper family who also had a stationery and printing business there. Thomas Cropper's Palace Picture House (opened in 1916) had not been built at this time.

Lane End, yn edrych tua'r gorllewin, 1915. Ymhlith y siopau ar y dde y mae siop nwyddau papur ac argraffu Cropper, siop Bell y groser, a siop Hunter, deliwr mewn nwyddau cyffredinol. Ar y dde, saif Maud Burkhill, yn dal ei mab, Stanley. Ym mhen arall y teras, gwelir adeilad unllawr Astons, cigyddion ers y 1880au, a'r drws nesaf iddo y mae'r Blue Bell, a berchenogid yr adeg hon gan *Northgate Brewery*, Caer.

Lane End, looking west, 1915. The shops on the left include Cropper's stationer's and printer's, Bell's grocer's, and Hunter's general provisions dealer's. On the right stands Maud Burkhill, holding her son, Stanley. At the other end of the terrace from where she stands is the single-storey premises of Aston's, butcher's since the 1880s, and next to it, the Blue Bell, which was owned at this time by Northgate Brewery, Chester.

Gweithwyr yn gosod pibell garthffosiaeth yn Lane End, tua 1930. Ymhlith y dynion yn y ffos y mae J. Griffiths a Billo Lamb (y trydydd a'r pedewerydd o'r chwith). Teddy Williams o Little Mountain sydd ar gefn y beic. Gellir gweld y siopau canlynol (o'r chwith): R. Bellis y teiliwr, George Bryan y groser, siop fferins Richard Peters, a siop groser Nanny Hughes, a oedd hefyd yn cludo nwyddau.

Workmen laying a sewer at Lane End, c. 1930. Among the men in the trench are J. Griffiths and Billo Lamb (third and fourth from left). Teddy Williams of Little Mountain is on the bicycle. The shops in view are, from left: R. Bellis, tailor; George Bryan, greengrocer; Richard Peters, sweetshop; and Nanny Hughes, greengrocer and haulage contractor.

Gyferbyn: Ffordd Caer, yn edrych tua'r dwyrain, tua 1910. Gellir gweld Ysgol y Babanod, Lane End, ar y chwith (fe'i caewyd ym 1963) a gwaith *Gregory's Aerated Water Works*, a ddymchwelwyd ym 1962. Roedd y tŷ ar y dde eithaf yn gartref i Alfred Everall (Cadeirydd Cyngor Dosbarth Trefol Bwcle 1919-20), ac roedd ganddo fecws y tu ôl iddo. Trigai Thomas John Shone, gwneuthurwr bwyleri, yn y teras a oedd yn gydiol wrtho, sef Glynne Villas. Roedd ei weithfeydd yng ngorsaf Cyffordd Bwcle.

Opposite: Chester Road, looking east, c. 1910. On the left is Lane Infants School (closed in 1963) and Gregory's Aerated Water Works (demolished in 1962). The house on the extreme right was the residence of Alfred Everall, a grocer in Chester Road, who was chairman of Buckley UDC in 1919- 20. Thomas John Shone, boiler-maker, whose works was at Buckley Junction station, lived in the adjoining terrace, Glynne Villas.

Ffordd Caer, yn edrych tua'r gorllewin, 1919. Yn eistedd yn y car y tu allan i Glynne Villas y mae (o'r chwith): Robert Roberts, Robin, ei fab, Tom Roberts, ei frawd, ac Eva, ei wraig. Mae Kate Roberts (*née* Aston), sef gwraig Tom, yn sefyll wrth y drws.

Chester Road, looking west, 1919. Sitting in the car outside Glynne Villas are (from left): Robert Roberts, his son Robin, brother Tom Roberts, and wife Eva. Waiting to see them off is Kate Roberts (née Aston), Tom's wife.

Teulu Shone y tu allan i'w bwthyn ar ben uchaf y Dirty Mile, tua 1900. Mae to gwellt ar Cold Harbour Cottage hyd heddiw. Codwyd wal frics yn lle'r un gerrig fodd bynnag.

The Shone family outside their cottage, top of Dirty Mile, c. 1900. Cold Harbour Cottage is still thatched today. The dry-stone wall, however, has been replaced by one in brick.

Mr a Mrs George Peters o Wood Lane,Tref Ewlô, tua 1910. Roedd George Peters (1842-1925), cyn löwr, a'i wraig, Elizabeth (née Evans) yn aelodau parchus o eglwys y Methodistiaid Cyntefig. Roedd Geroge yn frawd hyn i James Peters YH, henadur a phregethwr lleyg.
Mr and Mrs George Peters of Wood Lane, Ewloe Town, c. 1910. George Peters (1842-1925), a former collier, and his wife Elizabeth (née Evans) were respected members of the Primitive Methodist church. George was an elder brother of James Peters JP, alderman and lay-preacher.

Church Road, tua 1950. Nid yw'r olygfa hon wedi newid llawer dros gyfnod o hanner can mlynedd. Codwyd y tai ar y chwith gan y Brodyr Shone o Fwcle yn y 1930au. Erbyn heddiw, saif nifer o dai, a godwyd yn y 1960au, ar y dde i'r eglwys.
Church Road, c. 1950. This view has changed little over the last fifty years. The houses on the left were built in the 1930s by Shone Bros of Buckley. To the right of the church there is now a housing development, built in the 1960s.

Adran Dau/Section Two
Capeli ac Eglwysi
Chapel and Church

Eglwys Annibynnol Sant Ioan, tua 1910. Fe'i codwyd ym 1872-73 ar Gomin Bwcle yn lle capel arall a godwyd gerllaw ym 1811. Gelwid capel Sant Ioan yn 'Keetra's' yn lleol (tafodiaith Bwcle am Catherall's). Roedd y capel yn un o nifer o gapeli yng Nghymru a gynlluniwyd gan y Parch. Thomas Thomas, a ddôi o ardal Glandŵr ger Abertawe.
St John's Congregational Church, c. 1910. It was built in 1872-73 on Buckley Common replacing an earlier chapel, close by, erected in 1811. St John's was known locally as 'Keetra's' (Buckley dialect for Catherall's). It was one of many chapels in Wales designed by Rev Thomas Thomas of Landore, Glamorgan.

Hen Eglwys yr Annibynwyr, Comin Bwcle, cyn 1872. Hwn oedd capel pwrpasol cyntaf Bwcle. Fe'i codwyd gan Jonathan Catherall (1761-1833) ym 1811 ar gyfer Annibynwyr anghydffurfiol ar dir a oedd yn eiddo ar un adeg i Mr Lloyd o dafarn y Duke of York. Cyn hyn, arferent gyfarfod mewn sied crochendy ar y Comin (cafodd Catherall drwydded ar gyfer hyn ym 1792). Lamb's Cottage oedd yr enw arno'n ddiweddarach (fe'i dymchwelwyd bellach).

Old Congregational Church, Buckley Common, before 1872. This was the first purpose-built chapel in Buckley. It was erected by Jonathan Catherall (1761-1833) in 1811 for the nonconformists or Independents (later known as Congregationalists) on land formerly belonging to Mr Lloyd of the Duke of York tavern. Prior to this, their meeting house – for which Catherall obtained a licence in 1792 – had been a pottery shed on the Common, later known as Lamb's Cottage (now demolished).

Gyferbyn: Mynwent, tŷ a chapel anghydffurfiol, tua 1980. Gosodwyd carreg sylfaen y fynwent gyhoeddus newydd ar 2 Mai 1891. Cyflwynwyd dwy acer o dir yn rhodd gan y Parch. Joseph Davies, gweinidog gyda'r Annibynwyr a chynghorydd sir. Codwyd arian ar gyfer y capel a'r ffens drwy danysgrifiadau gwirfoddol. Codwyd y capel o frics coch a hufen gan R.D. Davies o Fwcle, contractor ac ymgymerwr. Fe'i cynlluniwyd gan R. Owen, pensaer o Lerpwl.

Opposite: Nonconformist cemetery house and chapel, c. 1980. The foundation stone of the new public cemetery was laid on 2 May 1891. Rev Joseph Davies, Congregationalist minister and county councillor, was the donor of two acres of land. Funds for the chapel and fencing were raised by voluntary subscription. The chapel, built of buff and red-coloured bricks to a design by R. Owen, architect, of Liverpool, was erected by R.D. Davies of Buckley, contractor and undertaker.

Hen glochdy Hawkesbury, tua 1952. Cododd Jonathan Catherall y tŵr brics hwn tua 1813 ar dir ger ei gartref ar ôl iddo gael ei rwystro rhag gosod tŵr ar ei gapel oherwydd gwrthwynebiad rheithor Penarlâg a phobl eraill, a ddadleuai y gallai ragori ar yr un ar eglwys y plwyf! Dymchwelwyd y tŵr ym mis Awst 1952 pan oedd y safle'n cael ei glirio er mwyn codi'r ysgol uwchradd newydd, er gwaethaf gwrthwynebiad cryf gan bobl leol.

Old bell-tower, Hawkesbury, c. 1952. Jonathan Catherall erected this brick tower about 1813 on land near his house, having been prevented from putting a tower on his chapel due to objections by the rector of Hawarden and others who argued that it might rival that on the parish church! In August 1952, during site clearance for the new secondary school, the tower was demolished, despite strong local objections.

Eglwys Sant Matthew, tua 1899. Fe'i codwyd ym 1821-22 ar gynllun gan John Oates a gosodwyd y garreg sylfaen gan y ddau frawd, Syr Stephen Richard Glynne (noddwr) a Henry Glynne, ar 14 Rhagfyr 1821. Daeth y cerrig ar gyfer adeiladu'r eglwys o chwarel gerllaw, ychydig lathenni i'r gorllewin o'r man lle y safai hen Goeden y Croes.

St Matthew's Church, c. 1899. Built in 1821-22 to the design of John Oates, the foundation stone was laid by brothers Sir Stephen Richard Glynne (patron) and Henry Glynne on 14 December 1821. Stone for building the church was quarried nearby, a few yards west of where the old Cross tree stood.

Y Parch. Harry Drew, ficer Bwcle (1897-1905). Roedd Harry Drew yn fab-yng-nghyfraith i W.E. Gladstone ac yn frwd o blaid sefydlu amryw gyfleustodau cyhoeddus yn y plwyf, megis goleuadau stryd a darparu gwasanaeth ambiwlans a nyrs bro. *Rev Harry Drew, vicar of Buckley (1897-1905). Son-in-law of W.E. Gladstone, Harry Drew was an energetic promoter of various public utilities in the parish, such as street-lighting, and helped to establish an ambulance and district nursing service.*

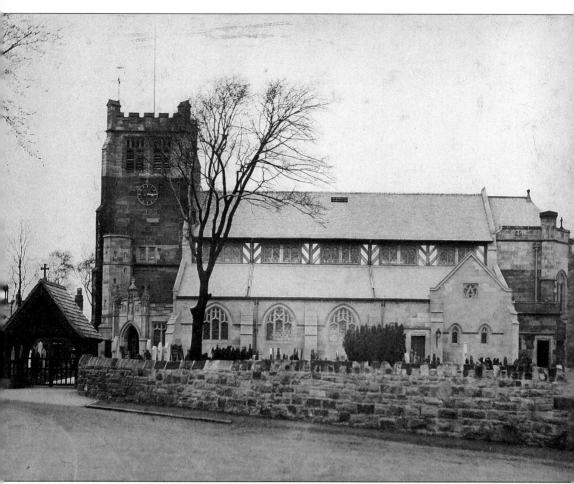

Eglwys Sant Matthew, tua 1905. Mae'r llun hwn yn dangos yr eglwys ar ôl cael ei hail-adeiladu yn ystod cyfnod y Parch. Harry Drew. Roedd y gwaith yn cynnwys ychwanegu festrïoedd ar ochr ogledd-ddwyrain yr eglwys, a thynnu pinaclau tŵr y gorllewin gan eu bod yn beryglus yn sgîl erydu. Trowyd rhan isaf y tŵr, a oedd yn borth yr eglwys ar un adeg, yn fedyddfan.

St Matthew's Church, c. 1905. This picture shows the church following the rebuilding that took place during the incumbency of Rev Harry Drew. This included the addition of vestries on the north-east side of the church, and the removal of the pinnacles from the west tower which were dangerously weathered. The base of the tower, previously the church porch, was converted into a baptistry.

Ficerdy Bwcle, tua 1910. Ysgol gyntaf Sant Matthew oedd yr adeilad hwn yn wreiddiol (a thŷ clerigwr). Fe'i codwyd tua 1818 a'i droi'n ficerdy, ar ôl gwneud llawer o newidiadau iddo, rywbryd ar ôl 1849. Saif y ficerdy presennol ar ran o'r safle lle y codwyd Ysgol Sant Matthew ym 1849.

Buckley Vicarage, c. 1910. This building, originally the first St Matthew's school (and clergyman's house) erected c. 1818, was converted after much alteration into a vicarage, sometime after 1849. The present vicarage occupies part of the site of the later St Matthew's school erected in 1849.

Y clychau'n cyrraedd adeg ail-godi tŵr yr eglwys, 1902. Gwnaed yr wyth cloch gan John R. Taylor a'i Feibion, Loughborough yn unol â chynlluniau'r Arglwydd Grimthorpe, cynllunydd Big Ben. Gwelir y Parch. Harry Drew (yr ail o'r dde) yn sefyll gyda'r gweithwyr.

Arrival of the new bells during reconstruction of the church tower, 1902. The new peal of eight bells was cast by John R. Taylor & Sons, Loughborough, according to proportions specified by Lord Grimthorpe, designer of Big Ben. Standing with the workmen is the vicar, Rev Harry Drew (second from right).

Joseph Griffiths (1828-1911). Roedd Joseph Griffiths yn Annibynnwr amlwg ym Mwcle ac yn un o sylfaenwyr y Jiwbilî. Bu'n llywydd Undeb Ysgol Sul Bwcle a'r Cylch ac yn athro Ysgol Sul am nifer o flynyddoedd.

Joseph Griffiths (1828-1911). A prominent Buckley Congregationalist, Griffiths was one of the founders of the Jubilee. He was president of the Buckley & District Sunday School Union, having been a Sunday school teacher for many years.

Richard Roberts (1831-1897). Roedd yn aelod o Gapel Cymraeg y Methodistiaid Calfinaidd, Ffordd Yr Wyddgrug, tan 1869, pryd y rhoddodd gymorth i sefydlu'r achos Saesneg yn Seion a throsglwyddo'i aelodaeth yno. Roedd yn gerddor dawnus ac yn arweinydd Côr Dirwestol Bwcle. Ymunodd â Joseph Griffiths (*gweler tud. 36*) ac Edward Davies, Methodist Cyntefig amlwg, i sefydlu'r Jiwbilî ym 1857

Richard Roberts (1831-1897). He was a member of the Welsh Calvinistic Methodist Chapel, Mold Road, until 1869, when he helped to start the English cause at Zion and transferred his membership to that chapel. He was a musician of considerable ability, and was conductor of the Temperance Choir in Buckley. He joined Joseph Griffiths (see p. 36) and Edward Davies, a leading Primitive Methodist, to found the Jubilee in 1857.

Capel Tabernacl y Methodistiaid Cyntefig, Padeswood Road, yn y 1890au. Codwyd yr adeilad a welir uchod ym 1875-76, gyda lle i 700 o bobl ynddo, yn lle capel arall a godwyd yn Mill Lane ym 1841. Y pensaer oedd Richard Owens o Lerpwl a'r adeiladwyr oedd J. a T. Woods o Hooton, Swydd Gaer. Cafodd ei ddymchwel ym 1969 oherwydd bod y coed yn pydru ac oherwydd ei fod yn rhy fawr a chostus i'w gynnal. Cynhaliwyd cyfarfod cyntaf y Methodistiaid Cyntefig ym Mwcle yn yr awyr agored ar safle iard goed Williams, Lane End, ym 1838. Ymunodd y Methodistiaid Cyntefig â'r Wesleaid a'r Methodistiaid Unedig ym 1932 a'u galw'n Eglwys y Methodistiaid.

Tabernacle Primitive Methodist Chapel, Padeswood Road, 1890s. The building (seen above) was built in 1875-76, with seating for 700, replacing the earlier chapel erected in 1841 in Mill Lane. The architect was Richard Owens of Liverpool and the contractor J. & T. Woods of Hooton, Cheshire. It was demolished in 1969, having become affected by dry rot, as well as being too large and costly to maintain. The first meeting of the Primitive Methodist cause in Buckley was held in the open air on the site of Williams's timber-yard, Lane End, in 1838. In 1932 the Primitive Methodists joined with Wesleyan and United Methodists to become the Methodist Church.

Aelodau Capel Tabernacl yn y 1890au. *Members of Tabernacle Chapel, 1890s.*

Dr Howell Elvet Lewis (1860-1953) yn dychwelyd i Fwcle ym 1942. Fe'i gwelir yma (yn cael ei dywys gan y Parch. Robert Shepherd) yn mynychu dathliadau canmlwyddiant a hanner Capel Annibynnol Sant Ioan. Dechreuodd Elfed ei weinidogaeth yn Sant Ioan ym 1880 pan oedd yn 19 oed. Arhosodd ym Mwcle am lai na phedair blynedd. Er iddo aros am gyfnod mor fyr, gwnaeth argraff ar y gymuned. Gwnaeth enw iddo'i hun yn ddiweddarach fel pregethwr ac emynydd mawr. Enwyd Ysgol Uwchradd Elfed ar ei ôl.

Dr Howell Elvet Lewis (1860-1953) during a return visit to Buckley, 1942. He is seen here (supported by Rev Robert Shepherd) attending the 150th anniversary celebrations of St John's Congregational Chapel. Lewis started his ministry at St John's in 1880 at the age of nineteen, but stayed in Buckley for less than four years. However, despite his short time there, he made a lasting impression on the community. He later gained recognition as a great preacher and hymn writer. Elfed Secondary School is named after him.

Troi hen Ysgoldy Methodistiaid Brunswick yn stiwdio ffotograffig a siop ar gyfer Dempster Jones, tua 1950. Tŷ cwrdd ar gyfer anghydffurfwyr y 18fed ganrif oedd hwn yn wreiddiol a chredir bod John Wesley wedi pregethu yno. Fe'i defnyddiwyd fel ysgoldy am nifer o flynyddoedd, yna fel swyddfa pwysau a mesurau, ac yn y 1930au fel canolfan gwaith. Bu'r ffotograffydd a'r artist Tom Dempster Jones yn y siop o tua 1950 tan ei ymddeoliad ym 1978.

Conversion of the former Brunswick Methodist Schoolroom to Dempster Jones's photographic studio and shop, c. 1950. The building was originally a meeting house for dissenters in the 18th century, and it is thought that John Wesley preached there. It was used for many years as a schoolroom, then as a weights and measures office, and in the 1930s as a labour exchange. Photographer and artist Tom Dempster Jones had the shop from c. 1950 until his retirement in 1978.

Codi porth blaen Seion, Capel y Presbyteriaid, tua 1915.
Building the front porch at Zion Presbyterian Chapel, c. 1915.

Cymdeithas Dynion Eglwys Loegr, Eglwys Sant Matthew, 1912-13. Rhes flaen, o'r chwith:
William Peters, George Catherall, Y Parch. G. Heaton, ficer Bwcle, ? Jackson, Thomas Jones,
Edwin Peers; rhes gefn: John S. Catherall, ? Williamson, William Nunns, James Tyson, George
Hewitt, Harold Hughes, Hayes Jones, Robert Davies, George Williams, -?-, John Birks, Henry
Rogers, Ted Lloyd.
St Matthew's Church of England Men's Society, 1912-13. From left, front row: William Peters,
George Catherall, Rev G. Heaton (vicar of Buckley), ? Jackson, Thomas Jones, Edwin Peers; back
row: John S. Catherall, ? Williamson, William Nunns, James Tyson, George Hewitt, Harold
Hughes, Hayes Jones, Robert Davies, George Williams, -?-, John Birks, Henry Rogers, Ted Lloyd.

Grŵp Eglwys Sant Matthew, 1870au. Yn eistedd ar y dde eithaf y mae'r Parch. William F.W. Torre, ficer Bwcle (1874-85) ac yn y canol gwelir Joseph Tyson, prifathro newydd Ysgol Sant Matthew.

St Matthew's Church group, 1870s. Seated far right is Rev William F.W. Torre, vicar of Buckley (1874-85) and, centre, Joseph Tyson, newly appointed master at St Matthew's School.

Mrs Gladstone (gwraig W.E. Gladstone) a gwragedd Eglwys Sant Matthew, 1890au. Yn eistedd gyda Mrs Gladstone y mae ei merch, Mary, a'r Parch. William Dampier, ficer Bwcle (1885-97). Defnyddiodd Mary Drew arian a gafodd pan werthodd lythyron a ysgrifennwyd ati gan John Ruskin i dalu am borth y de-orllewin (a ychwanegwyd at yr eglwys ym 1902) pan ddaeth ei gŵr yn ficer Bwcle.

Mrs Gladstone (wife of W.E. Gladstone) and St Matthew's Church ladies, 1890s. Seated with Mrs Gladstone are her daughter Mary, and Rev William Dampier, vicar of Buckley (1885-97). Mary Drew, when her husband became vicar of Buckley, paid for the south-west porch (added to the church in 1902) from the proceeds of the sale of letters written to her by John Ruskin.

Adran Tri/Section Three
Ysgolion
Schools

Ysgol Breifat Miss Tomkin, tua 1890. Dim ond un disgybl y llwyddwyd i'w enwi, sef Mildred Macintosh, (yn sefyll yr ail o'r dde yn y rhes gefn). Credir bod yr ysgol ger Hawkesbury.

Miss Tomkin's private school, c. 1890. Only one pupil has been identified: Mildred Macintosh, standing second from right, back row. The school is thought to have been near Hawkesbury.

Church Cottage (cartref y curad), tŷ prifathro ac Ysgolion Sant Matthew, tua 1910.
Church Cottage (curate's residence), headmaster's house, and St Matthew's Schools, c. 1910.

Staff ysgol Sant Matthew, tua 1890. Bu Joseph Tyson (canol y rhes gefn) yn brifathro o 1871 tan 1901. Gwelir y Parch. William Dampier, ficer Bwcle, yn eistedd yn y rhes flaen.
Staff at St Matthew's School, c. 1890. Joseph Tyson (centre, back row) was headmaster from 1871 to 1901. Seated in front is Rev William Dampier, vicar of Buckley.

Gyferbyn: Ysgolion Cenedlaethol Sant Matthew, tua 1910. Codwyd Ysgol y Bechgyn ac Ysgol y Merched (uchod), ar acer o dir a roddwyd gan Syr Stephen Glynne, a'u cwblhau ym 1849. Fe'u codwyd er mwyn disodli ysgol gynharach, a godwyd tua 1818 ac a safai ar naill ochr Church Road. Codwyd Ysgol y Babanod ym 1857 ar dir gerllaw. Defnyddiwyd yr adeiladau hyn tan 1963 (pan agorwyd ysgol gynradd newydd Mountain Lane) a'u dymchwel ym 1967.
Opposite: St Matthew's National Schools, c. 1910. The Boys' and Girls' schools (seen above), built on an acre of land given by Sir Stephen Glynne, were completed in 1849. They replaced an earlier school, erected c. 1818, which stood on the other side of Church Road. An infants' school was built in 1857 on an adjoining site. These school buildings, in use until 1963 (when the new Mountain Lane CP School opened), were demolished in 1967.

Teulu Tyson, tua 1883. O'r chwith: y prifathro Joseph Tyson gyda'i feibion James ac Ellis, Bessie, ei ferch, a Sarah (*née* Price) ei wraig, yn dal eu merch, Sarah, cyfnither ddi-enw, Annie eu merch, a Joseph Ellis, ewythr Sarah. Gwelir tri phrifathro yma, ill tri, rhyngddynt, â gofal Ysgol Sant Matthew am ganrif bron, sef Joseph Ellis (1849-64), Joseph Tyson (1870-1901), a James Tyson (1901-40).

Tyson family, c. 1883. From left: headmaster Joseph Tyson with his sons James and Ellis, daughter Bessie, wife Sarah (née Price) holding baby daughter Sarah, an unnamed cousin, daughter Annie, and Joseph Ellis, uncle of Sarah. Seen here are three headmasters, who between them had charge of St Matthew's School for nearly a century: Joseph Ellis (1849-64), Joseph Tyson (1870-1901), and James Tyson (1901-40).

Grŵp o Ysgol Sant Matthew, 1880au. Mae'r prifathro, Joseph Tyson, yn sefyll ar y dde ac yn dal ei fab, Ellis.

St Matthew's School group, 1880s. On the right stands headmaster Joseph Tyson, holding his son Ellis.

46

Miss Mary C. Tomlinson, prifathrawes Ysgol y Babanod, Sant Matthew, tua 1910. Fe'i penodwyd ym 1876 pan oedd yn 23 oed ac ymddiswyddodd ym 1887.
Miss Mary C. Tomlinson, former headmistress of St Matthew's Infants' School, c. 1910. She was appointed in 1876 at the age of 23, and resigned in 1887.

Disgyblion Ysgol y Babanod, Sant Matthew, tua 1915. Y brifathrawes yr adeg hon oedd Miss Mary Price. Cafodd ei phenodi ym 1893 a bu'n gofalu am yr ysgol tan ei hymddeoliad ym 1930. Mae adeilad yr ysgol yn sefyll o hyd ond y mae'n dŷ preifat bellach.
St Matthew's Infants' School group, c. 1915. The headmistress at this time was Miss Mary Price. She had been appointed in 1893, and had charge of the school until her retirement in 1930. The school building is still standing, although it is now a private residence.

James Tyson, prifathro Ysgol Sant Matthew, 1915. Dilynodd ei dad, Joseph, yn brifathro ym 1901 ac yr oedd yn gyfrifol am Adran y Bechgyn tan ei ymddeoliad ym 1940. Roedd yn gerddor dawnus a gelwid arno'n aml i ganu organ yr eglwys mewn priodasau ac ar achlysuron eraill. Bu farw ym 1945 yn 67 mlwydd oed.

James Tyson, headmaster of St Matthew's School, 1915. He succeeded his father Joseph as headmaster in 1901 and was in charge of the Boys' Department until his retirement in 1940. An accomplished musician, he was often called upon to play the church organ for weddings and other occasions. He died in 1945, aged 67.

Grŵp o ddisgyblion Ysgol y Merched, Ysgol Sant Matthew, tua 1919. Y brifathrawes yr adeg honno oedd Miss Emily Jones, a benodwyd ym 1907, a bu'n gyfrifol am yr ysgol am ddeng mlynedd ar hugain.

St Matthew's Girls' School group, c. 1919. The head teacher at this time was Miss Emily Jones, who was appointed in 1907, and had charge of the school for 30 years.

Ysgol y Bechgyn, Sant Matthew, 1929. Gyda'r prifathro, James Tyson (chwith) a'i frawd, R. Tyson, a oedd yn athro yno, y mae (o'r chwith), rhes gefn: F. Rowlands, J. Shone, Em Roberts, E. Price, T. Williams, H. Edwards, H. Davies, T. Edwards; y drydedd res: T. Hodgson, G. Roberts, G. Davies, N. Catherall, G. Jones, G. Jones, H. Lamb; yr ail res: D. Jonathan, J. Davies, J. Parry, G. Fennah, H. Hughes, G. Griffiths, F. Morrlle, G. Hayes, E. Jones, E. Beavan; rhes flaen: ? Millward, R. Dunn, V. Kelly, ? Bellis, R. Jenkins, J. Roberts.

St Matthew's Boys' School, 1929. With headmaster James Tyson (left) and his brother Robert Tyson, a teacher, are, from left, back row: F. Rowlands, J. Shone, Em Roberts, E. Price, T. Williams, H. Edwards, H. Davies, T. Edwards; third row: T. Hodgson, G. Roberts, G. Davies, N. Catherall, G. Jones, G. Jones, H. Lamb; second row; D. Jonathan, J. Davies, J. Parry, G. Fennah, H. Hughes, G. Griffiths, F. Morrlle, G. Hayes, E. Jones, E. Beavan; front row: ? Millward, R. Dunn, V. Kelly, ? Bellis, R. Jenkins, J. Roberts.

Ysgol y Babanod, Lane End, tua 1910. Fe'i codwyd ym 1841 o dan gyfarwyddyd y Parch. Henry Glynne, rheithor Penarlâg, a safai lle y saif garej betrol Ffordd Caer heddiw. Pan gaeodd yr ysgol ym 1963, trosglwyddwyd y plant i Ysgol Mountain Lane.
Lane End Infants' School, c. 1910. Built in 1841, under the direction of Rev Henry Glynne, rector of Hawarden, it stood on a site now occupied by the Chester Road petrol filling-station. When it closed in 1963 the children transferred to Mountain Lane School.

Disgyblion Ysgol Gynradd Lane End, 1914. Miss Lucy J Newnes (y pen uchaf ar y dde) oedd y brifathrawes o 1906 tan 1928. Trigai yn Ffordd Caer, bron gyferbyn â'r ysgol.
Pupils at Lane End Infants' School, 1914. Miss Lucy J. Newnes (top right) was headmistress from 1906 to 1928. She lived nearly opposite the school on Chester Road.

Teulu Roberts y tu allan i Ysgol y Babanod, Lane End, 1912. Gwelir Robert ac Eva Roberts yma gyda'u plant, Robert a Miriam, a oedd yn ddisgyblion yn Ysgol Lane End.
The Roberts family outside Lane End Infants' School, 1912. Robert and Eva Roberts are seen here with their children, Robert and Miriam, pupils at Lane End School.

Ystafell ddosbarth yn Ysgol y Babanod, Lane End, tua 1912.
Lane End Infants' School classroom, c. 1912.

Staff Ysgol (Genedlaethol) Bistre, tua 1927. Rhes gefn, y gyntaf i'r drydedd o'r chwith: Miss Ada Catherall (cynghorydd ym Mwcle yn ddiweddarach), Miss Winnie Spencer, Miss Parker; rhes flaen, yr ail a'r trydydd o'r chwith: Lizzie Hughes (Mrs D.E. Davies yn ddiweddarach) a William Davies, y prifathro.

Bistre (National) School staff, c. 1927. Back row, first to third from left: Miss Ada Catherall (later a Buckley councillor), Miss Winnie Spencer, Miss Parker; front row, second and third from left: Lizzie Hughes (later Mrs D.E. Davies) and William Davies, headmaster.

Disgyblion Ysgol (Genedlaethol) Bistre, 1913. Ymhlith y rhai yn y llun y mae Annie ac Agnes Lewis, Hewitt's Lane (y chweched a'r seithfed o'r chwith, yr ail res yn ôl).

Bistre (National) School pupils, 1913. Among those pictured are Annie and Agnes Lewis, Hewitt's Lane (sixth and seventh from left in the second row from the front).

Disgyblion yr Ysgol Sirol, 1914. Y prifathro yr adeg honno oedd Thomas Roberts, a ddilynodd Thomas Jones, sef y prifathro cyntaf, ym 1913. Etifeddodd yr Ysgol Sirol yn Padeswood Road, ger y Groes, hen adeiladau'r Ysgol Fwrdd, a godwyd ym 1877. Defnyddir yr un adeiladau gan Ysgol Gynradd Bwcle heddiw, er eu bod wedi cael eu newid yn sylweddol.

Council School pupils, 1914. The headmaster at this time was Thomas Roberts, who, in 1913, succeeded Thomas Jones the first headmaster. The Council School in Padeswood Road, near the Cross, inherited the former Board School buildings built in 1877. These same buildings, though much altered, are now occupied by Buckley CP School.

Disgyblion yr Ysgol Sirol, 1956. Y prifathro yr adeg honno oedd W. Leslie Rowlands, a benodwyd ym 1954.

Council School pupils, 1956. The headmaster at this time was W. Leslie Rowlands, appointed in 1954.

MOUNTAIN LANE SCHOOL, BUCKLEY

Ysgol Gynradd Mountain Lane, tua 1965. Codwyd yr ysgol gyferbyn â safle Glofa Mountain Lane a'i hagor ym 1963, gyda J Clifford Jones, cyn-brifathro Ysgol Sant Matthew, yn brifathro cyntaf arni. Y pensaer oedd Bert Owens, Caergwrle.

Mountain Lane CP School, c. 1965. The school, built opposite the old Mountain Colliery site, was opened in 1963, with J. Clifford Jones, formerly head of St Matthew's School, its first headmaster. The architect was Bert Owens of Caergwrle.

Ysgol Uwchradd Elfed, tua 1955. Hon oedd ysgol uwchradd gyntaf Bwcle. Fe'i hagorwyd ar 5 Ionawr 1955 gyda 425 o ddisgyblion. Leslie Mothersole oedd y prifathro cyntaf. Codwyd yr ysgol gan y Brodyr Shone, Bwcle, ac y mae ei chynllun yn debyg i Ysgol Uwchradd Dinas Basing, a godwyd tua'r un adeg. Enwyd yr ysgol ar ôl Elfed Lewis, bardd, pregethwr ac emynydd enwog (gweler tud. 39).

Elfed Secondary Modern School, c. 1955. This was the first secondary school in Buckley. It opened with 425 pupils on 5 January 1955. Leslie Mothersole was its first headmaster. Built by Shone Bros, Buckley, it was similar in design to Basingwerk Secondary School, Holywell, which was completed about the same time. The school was named after Elfed Lewis, the noted Welsh poet, preacher and hymn writer (see p. 39).

Adran Pedwar/Section Four
Siopau
Shops

Banc Lloyd's, Y Groes, 1920au. Adeilad y *North Wales & Chester Bank* (neu'r *Chester Old Bank*) oedd hwn yn wreiddiol. Fe'i codwyd ym 1893, a daeth yn gangen o Fanc Lloyd's pan gafodd ei uno ym 1897. O'r adeg honno, hwn oedd yr unig fanc ym Mwcle tan y 1920au, pan agorodd Banc y Midland a Banc y National Provincial ganghennau yn Brunswick Road.

Lloyd's Bank, the Cross, 1920s. Originally the premises of the North Wales & Chester Bank (or Chester Old Bank), built in 1893, it became a branch of Lloyd's following amalgamation in 1897. From that time Lloyd's was the only bank in Buckley until the 1920s when the Midland Bank and the National Provincial Bank established branches in Brunswick Road.

Siop pysgod a sglodion Arthur Hill, y Groes, 1988. Roedd teulu Hill wedi bod yn rhedeg eu busnes pysgod a sglodion yn Rhif 1 Brunswick Road ers y 1920au ac arhosodd yno am dros drigain mlynedd. Dymchwelwyd yr adeilad ychydig ar ôl tynnu'r llun hwn.

Arthur Hill's fish and chip shop, the Cross, 1988. The Hill family had run their fish-and-chip business at 1 Brunswick Road since the 1920s, and it continued there for over sixty years. The premises was demolished not long after this picture was taken.

Gyferbyn: Garej J. Ellis, Mill Lane, tua 1940. Sefydlodd James Ellis ei garej a'i orsaf betrol tua diwedd y 1920au. Mae'r Empire Garage yn dal ar agor ond roedd wedi rhoi'r gorau i werthu petrol erbyn y 1950au.

Opposite: J. Ellis's garage, Mill Lane, c. 1940. James Ellis started his garage and petrol filling-station in the late 1920s. The Empire Garage, as it became known, is still operating, although it had ceased to be a petrol station by the 1950s.

G.H. Booth, paentiwr a deliwr mewn mân nwyddau, tua 1918. Gwelir George Booth yma gyda'i wraig a'i blant y tu allan i'w siop yn 14 Mill Lane. Bu Johnny Phillips y groser yma o'r 1930au. Y Windmill Grill sydd yno heddiw.

G.H. Booth, painter and smallware dealer, c. 1918. George Booth is seen here with his wife and children in front of his shop at 14 Mill Lane. From the 1930s the premises was occupied by Johnny Phillips, greengrocer. The Windmill Grill now stands there.

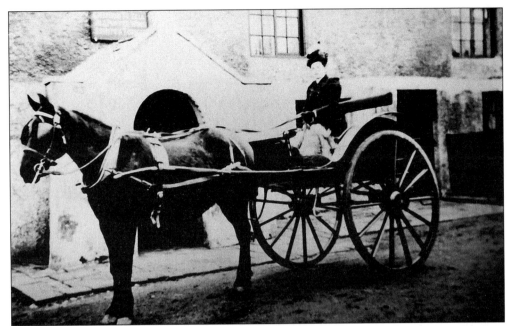

Tafarn y Red Lion, Liverpool Road, tua 1900. Teulu Price oedd yn dal y drwydded o'r 1860au. Cymerodd Ann Price (fe'i gwelir uchod) y lle ar ôl ei thad, John Price, tua 1900. Prynodd Bragdy *Castle Hill* (Ewlô) y Red Lion ym 1920 (fe'i prydleswyd iddo o'r 1890au) ac arhosodd yn eiddo i'r cwmni hyd oni chaeodd y bragdy ym 1948.

Red Lion Inn, Liverpool Road, c. 1900. Members of the Price family were licensees of the Red Lion from the 1860s. Ann Price (seen above) took charge after her father John Price about 1900. In 1920 Castle Hill (Ewloe) Brewery bought the Red Lion (which it had previously leased from the 1890s), and it remained in their ownership until the brewery's closure in 1948.

Y Red Lion, Liverpool Road, 1920au. *Red Lion, Liverpool Road, 1920s.*

H.E. Edwards, perchennog garej, Ffordd Yr Wyddgrug, 1950au. Gwelir Robert Butler, ŵyr H.E. Edwards, o flaen y lori nwyddau, gyda Mrs Peggy Lloyd (yn gwisgo ffedog) a Margery Ellis. Gelwid H.E. Edwards yn 'Bob the Oil' yn lleol, a gwerthai baraffîn a phetrol mewn tuniau dau alwyn. Cymerodd ei ŵyr y busnes yn ystod y 1970au.

H.E. Edwards, garage proprietor, Mold Road, 1950s. Robert Butler, grandson of H.E. Edwards, is pictured in front of the delivery truck, with Mrs Peggy Lloyd (in pinafore) and Margery Ellis. Known locally as 'Bob the Oil', H.E. Edwards sold petrol and paraffin in two-gallon tins. His grandson took over the business in the 1970s.

Siop y *Co-operative Society* yn y Stryd Fawr, tua 1910. Roedd Miss Beavan (ar y dde eithaf) yn gyfrifol am yr adran dillad a brethyn. Roedd tair siop gydweithredol ym Mwcle: Y Stryd Fawr, Drury Lane ac Ewloe Place. Yr un olaf i aros yn annibynnol oedd siop Drury Lane, a ddaeth yn gangen o *Birkenhead Co-operative Society* yn ystod y 1950au.

Main Street Co-operative Society stores, c. 1910. Miss Beavan (far right) was in charge of the drapery department. Buckley had three co-operatives: Main Street, Drury Lane, and Ewloe Place. The last to remain independent was Drury Lane, which became a branch of the Birkenhead Co-operative Society in the 1950s.

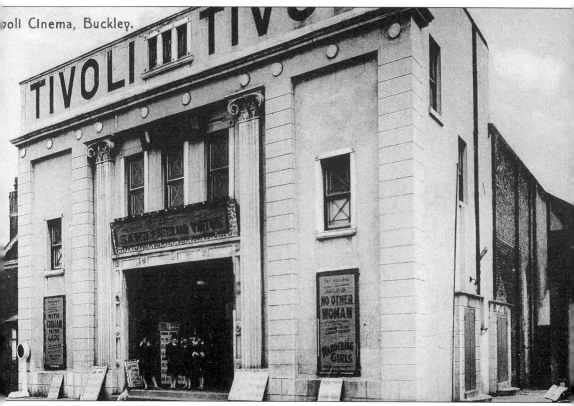

Sinema a theatr Tivoli yn ystod y 1930au. Fe'i codwyd ym 1925 gan y Brodyr Hayes, Bwcle, ar gyfer Robert Rowlands ar safle'r hen *Central (Assembly) Hall*, a godwyd ym 1892. Roedd tua 600 o seddau yn y Neuadd ac fe'i defnyddid ar gyfer pob math o achlysuron, yn eu plith gyngherddau, darlithoedd a chyfarfodydd crefyddol a gwleidyddol. Roedd y Tivoli'n llawer mwy a gallai ddal dros fil o bobl.

Tivoli cinema and theatre, 1930s. Erected in 1925 by Hayes Bros, Buckley for Robert Rowlands, it replaced the old Central (Assembly) Hall which stood on the same site. The latter, built in 1892, could seat some six hundred people and was used for all sorts of occasions including concerts, lectures, religious and political meetings. The Tivoli was much bigger with capacity for over a thousand people when it opened.

Gyferbyn: Siop y *Co-operative Society*, Brunswick Road, 1930au. Ar ôl ei hadfer yn sylweddol yn ystod y 1960au, cafodd y façade (a welir yma) ei newid yn sylweddol. Mae archfarchnad KwikSave yn yr adeilad heddiw. Dymchwelwyd y tai a welir ar y chwith i'r adeilad yn y 1980au pan oedd Precinct Way yn cael ei adeiladu.

Opposite: Co-operative Society stores, Brunswick Road, 1930s. Following extensive refurbishment in 1965, the façade (seen here) was substantially altered. A KwikSave supermarket now occupies the building. The houses to the left of the stores were demolished in the 1980s during the construction of Precinct Way.

Tafarn y Nant, Padeswood Road, 1916. Gwelir William Thomas Jones (y landlord o 1912) a'i wraig Anna, sy'n dal eu baban, Billy, gyda'u merched (o'r chwith), Janet ac Agnes, a mam Anna, Mrs Elizabeth Tarran (gwraig weddw William Tarran, a oedd yn landlord o'r 1880au tan 1907). Perthynai'r dafarn i *Kelsterton Brewery* ar un adeg ac yr oedd yn un o nifer o dafarndai Bwcle a gymerwyd gan *Northgate Brewery*, Caer tua 1900.

Nant Inn, Padeswood Road, 1916. William Thomas Jones (landlord from 1912) and his wife Anna (holding baby Billy) are seen here with, from left: daughters Janet and Agnes, and Anna's mother Mrs Elizabeth Tarran (widow of William Tarran, landlord from the 1880s to 1907). Previously a Kelsterton Brewery house, the Nant was one of a number of Buckley pubs taken over by Northgate Brewery, Chester c. 1900.

Tafarn y Grandstand, Padeswood, tua 1910. John Lewis, a welir yma, oedd y landlord. Y perchenogion yr adeg hon oedd *West Cheshire Brewery*, Penbedw.

Grandstand Inn, Padeswood, 1910. John Lewis, seen here, was landlord. The inn was owned at this time by West Cheshire Brewery, Birkenhead.

J. ac M. Coles, gwerthwyr hetiau a dillad, Brunswick Road, yn ystod y 1940au. Sefydlwyd y busnes tua 1895 gan John Coles, a oedd yn löwr yng Nglofa'r Mountain a pharhaodd tan y 1950au. Bu'n feddygfa Dr Bradley tan tua 1980 (pryd yr agorwyd y ganolfan iechyd).

J. and M. Coles, milliner's and draper's, Brunswick Road, 1940s. This business, established c. 1895 by John Coles, a former collier at Mountain Colliery, continued up to the 1950s. It later became Dr Bradley's surgery, until c. 1980 (when the health centre opened).

R. Roberts, siop ffrwythau a llysiau, Brunswick Road, tua 1925. Yn sefyll o flaen y siop y mae: (o'r chwith) Lt. Hutchinson (Byddin yr Iachawdwriaeth), Robert Roberts, ei ferch Miriam, ei fab Robert, a'i wraig Eva. Codwyd y siop ym 1924 gan Robert Roberts, a bu'n siop crydd ac yn siop trin gwallt cyn troi'n fferyllfa ym 1956, pan brynodd Jim Bentley yr adeilad.

R. Roberts's fruit and vegetable shop, Brunswick Road, c. 1925. Standing in front of the shop are, from left: Lt. Hutchinson (Salvation Army), Robert Roberts, his daughter Miriam, son Robert and wife Eva. Built in 1924 by Robert Roberts, it was a cobbler's and hairdresser's before becoming a pharmacy in 1956 when Jim Bentley acquired the premises.

R. Roberts, fframiwr lluniau, Ffordd Caer, tua 1915. Gwelir Robert Roberts a'i deulu yma y tu allan i'w siop. Sefydlwyd y busnes ar ôl 1900 ac arhosodd yno tan tua 1920.
R. Roberts, picture-framer, Chester Road, c. 1915. Robert Roberts and family are seen here outside their shop. The business was established after 1900, and continued here until c. 1920.

Tafarn y Ship, Brunswick Road, 1994. Darganfuwyd arwydd y dafarn tra'n gwneud gwaith adfer yn ystod Medi-Hydref 1994. Perchenogion y Ship oedd *Northgate Brewery*, Caer, o tua 1900, ac, yn fwy diweddar, *Greenhall Whitley Brewery*; caeodd tua 1985.

Ship Inn, Brunswick Road, 1994. The inn sign was revealed during renovation work in September–October 1994. The Ship was owned by Northgate Brewery, Chester from c. 1900, and, more recently, by Greenhall Whitley Brewery when it closed c. 1985.

Thomas Cropper (1869-1923). Roedd ganddo fusnes argraffu, nwyddau papur a gwerthu llyfrau yn Lane End o'r 1890au. Roedd swyddfa'r post yn yr un adeilad ac ef oedd yn gyfrifol amdani; fe'i penodwyd yn is-bostfeistr ym 1892. Codwyd ei Palace Picture House, neuadd filiards ac ystafelloedd argraffu ym 1915 ar ôl tân trychinebus ym mis Chwefror 1913 a ddinistriodd yr adeilad gwreiddiol. Roedd yn Annibynnwr brwd a chanai'r organ yng Nghapel Sant Ioan. Cyhoeddwyd *Buckley and District*, sef hanes ei dref enedigol, ychydig wythnosau ar ôl ei farwolaeth.

Thomas Cropper (1869-1923) had a printing, stationery and bookselling business at Lane End from the 1890s. On the same premises was the post office of which he had charge, having been appointed sub-postmaster in 1892. His Palace Picture House, billiard hall, and printing rooms were built in 1915 following a disastrous fire in February 1913 which destroyed the original premises. A life-long Congregationalist, he played the organ at St John's Chapel. Buckley and District, *which Cropper wrote on the history of his native town, was published a few weeks after his death.*

Siop groser Melias, Lane End, 1930au. Roedd Mr Bolton (ar y dde) yn gynorthwy-ydd. Safai'r siop bron gyferbyn â'r Blue Bell a chaeodd yn y 1960au. Roedd gan Melias ganghennau yn Yr Wyddgrug, Shotton, Y Fflint, Wrecsam ac yng Nghaer yn ystod y 1930au.

Melias, grocery stores, Lane End, 1930s. Mr Bolton (on right) was an assistant. The shop was nearly opposite the Blue Bell and closed in the 1960s. In the 1930s Melias also had branches at Mold, Shotton, Flint, Wrexham, and Chester.

J. Rogers, cigydd, Lane End, tua 1910. O'r 1880au, ac am tua 50 mlynedd, bu gan John Rogers ei siop gig yn Lane End, heb fod ymhell o dafarn y Feathers. Cymerodd Dawson's y busnes yn ystod y 1930au.

J. Rogers, butcher, Lane End, c. 1910. From the 1880s, for some fifty years, John Rogers had his butcher's shop at Lane End, not far from the Feathers Inn. Dawson's took over the business in the 1930s.

Hen dafarn y Grandstand, Burntwood, 1960au. Dymchwelwyd yr hen dafarn, a oedd wedi sefyll ar y safle ers dros 150 o flynyddoedd, ym mis Medi 1969, ychydig ddyddiau ar ôl i'r Grandstand newydd gael ei chodi. Yr enw lleol arni oedd *The Tram Door* a'i pherchenogion ar droad y ganrif oedd cwmni bragu *Lassell & Sharman* o Gaergwrle. Fe'i disodlwyd tua'r adeg y cafodd llawer o'r ardal o gwmpas Burntwood ei ail-ddatblygu.

The old Grandstand Inn, Burntwood, 1960s. It had stood on this site for over 150 years, and was demolished in September 1969 a few days after the new Grandstand was built. The old inn, known locally as the 'The Tram Door', had been owned in the early 1900s by Caergwrle brewers, Lassel & Sharman. Its replacement occurred about the time that much of the surrounding area of Burntwood was being redeveloped.

Gyferbyn: Tafarn yr Horse and Jockey, Drury, 1948. Roedd gan y dafarn hon a elwid yn lleol yn 'the Jockey', gysylltiad maith gyda theulu Hayes, yn gyntaf fel tafarnwyr o'r 1860au, ac, yn ddiweddarach, fel perchenogion yn y 1890au. Prynodd cwmni bragu *E.W. Soames & Co.* o Wrecsam y dafarn tua 1900.

Opposite: The Horse and Jockey Inn, Drury, 1948. This public house, known locally as 'the Jockey', had a long association with the Hayes family, first as licensees from the 1860s, and later in the 1890s as owners. Wrexham brewers E.W. Soames & Co. purchased the inn about 1900.

R. Williams, groser a deliwr nwyddau, Central Stores, Brunswick Road, tua 1910. Y perchennog o tua 1890 tan ei farwolaeth ym 1913 oedd Ralph Williams (a gafodd ei ethol ar Gyngor Dosbarth Trefol cyntaf Bwcle ym 1897). Parhaodd ei deulu i redeg y busnes tan ddiwedd y 1920au. Tua 1930, cymerodd y ddau frawd, Edward a Charles Duckworth, yr adeilad a rhedeg busnes nwyddau haearn yno am bron ddeugain mlynedd. Saif y siop ger yr Eglwys Gatholig yn Daisy Hill ac mae'r colofnau o haearn bwrw gwreiddiol yno o hyd.

R. Williams, grocer and provisions dealer, Central Stores, Brunswick Road, c. 1910. Ralph Williams (elected to the first Buckley UDC in 1897) was the proprietor from c. 1890 until his death in 1913. His family continued the business until the late 1920s. About 1930, brothers Edward and Charles Duckworth took over the premises and ran a hardware business there for nearly forty years. The shop, which stands near the Roman Catholic church at Daisy Hill, still has its original cast-iron columns.

Tafarn y Feathers, 1960au. Perchenogion y dafarn oedd *Yates Brewery*, Manceinion, tan y 1960au, ac yna cafodd ei dymchwel er mwyn codi tai ar y safle (fflatiau Prince of Wales Court), a godwyd ar gyfer Cyngor Bwcle gan Alun Edwards, Caergwrle. William Beavan oedd y landlord yno o tua 1885 tan ei farwolaeth ym 1921, ac yna cymerodd ei ferch, Annie, y drwydded.

The Feathers Inn, 1960s. This inn was owned by Yates Brewery, Manchester up to the 1960s when it was demolished to make way for a new housing development (the Prince of Wales Court flats), built for Buckley Council by Alun Edwards, Caergwrle. William Beavan was landlord there from about 1885 until his death in 1921, after which his daughter Annie was licensee.

S.A. Peters, cigydd, Lane End, 1930au. Agorodd y siop hon y drws nesaf i'r Pied Bull yn y 1920au. Daeth y busnes i ddwylo cynorthwy-ydd Sam Peters, sef Ernie Griffiths (a welir yma gyda beic) tua 1950.

S.A. Peters, butcher, Lane End, 1930s. This shop, next to the Pied Bull, first opened in the 1920s. The business passed to Sam Peters' assistant, Ernie Griffiths (seen here with bicycle) about 1950.

Cross Keys, Lane End, 1930au. Perthynai i Stad Penarlâg am nifer o flynyddoedd ac fe'i prynwyd gan deulu Nickson, a oedd wedi dal y drwydded ers y 1880au. Parhaodd y dafarn yn eu dwylo tan y 1950au. Cafodd y Cross Keys ei hail-adeiladu bron yn ystod y 1970au. Caeodd Cross Keys arall, a safai ar y Dirty Mile, ym 1943 ac y mae'n dŷ preifat bellach.

Cross Keys, Lane End, 1930s. Owned by the Hawarden Estate for many years, it was purchased by the Nickson family who had been licensees from the 1880s, and continued under their ownership into the 1950s. The Cross Keys was virtually rebuilt in the 1970s. Another Cross Keys, which stood on the Dirty Mile, closed in 1943 and is now a private house.

Adran Pump/Section Five
Diwydiant
Industry

Ollive Hayes yn gweithio yn y sied taflu, tua 1930. Ef oedd yr aelod olaf o deulu Hayes i reoli'r crochendy, a sefydlwyd gan Jonathan Hayes ym 1750.

Ollive Hayes at work in the throwers' shed, c. 1930. He was the last member of the Hayes family to manage the pottery founded by Jonathan Hayes in 1750.

Crochendy Hayes (*Old Ewloe*), Etna Road, 1920au. Mae'r dynion yn dal enghreifftiau o grochenwaith Hayes. Cymerodd Ollive Hayes (yr ail o'r chwith) reolaeth dros y crochendy o tua 1910 hyd nes iddo gau ym 1942. Chwalwyd yr adeiladau ym 1961.

Hayes's (Old Ewloe) Pottery, Etna Road, 1920s. The men are holding examples of Hayes pottery. Ollive Hayes (second from right) took charge of the pottery from c. 1910 until its closure in 1942. The buildings were taken down in 1961.

Gyferbyn: Crochendy Taylor, Alltami, 1920au. Mae'r gweithwyr hyn yn sefyll o flaen y sied taflu. Sefydlwyd y crochendy gan y teulu Codrell (neu Cottrell) ganol y 18fed ganrif a theulu Taylor oedd yn ei redeg o ddechrau'r 19eg ganrif. Parhaodd i weithio tan 1929.

Opposite: Taylor's Pottery, Alltami, 1920s. These workmen are standing in front of the throwers' shed. The pottery, originally founded by the Codrell (or Cottrell) family in the mid-18th century, and run by the Taylor family from the early 19th century, was working up to 1929.

Casgliad Dr Fraser o grochenwaith Bwcle. Roedd Dr Douglas J. Fraser (Swyddog Meddygol dros Iechyd, Bwcle, 1965-74) yn gasglwr brwd o grochenwaith Bwcle a chynorthwyodd i gadw rhai enghreifftiau da o grochenwaith ymarferol a chain.
Dr Fraser's Buckley pottery collection. An enthusiastic collector of Buckley ware, Dr Douglas J. Fraser (Buckley's medical officer of health, 1965-74) helped preserve some fine examples of both functional and art pottery.

Crochendy Lamb, Church Road, tua 1920. Gwelir o flaen y siediau sychu badell-fygiau a dysglau a oedd yn nodweddiadol o grochenwaith ymarferol Lamb. Yn sefyll yr ail o'r chwith y mae'r bachgen ifanc, Amos Lewis, Ffordd Lerpwl, a'r ail o'r dde yw'r crochennydd, Thomas John Evans. Ar y dde eithaf y mae John Lamb, perchennog y crochendy, a oedd wedi bod yn eiddo i deulu Sharratt ers blynyddoedd cynnar y 19eg ganrif. Erbyn y 1930au, crochendai Lamb, Hayes a Powell oedd yr unig rai'n gweithio ym Mwcle. Ceisiodd ŵyr John Lamb, George, ail-ddechrau'r crochendy pan ddychwelodd i Fwcle ar ôl yr Ail Ryfel Byd ond bu ei ymdrech yn aflwyddiannus.

Lamb's Pottery, Church Road, c. 1920. On display in front of the drying sheds are pan-mugs and dishes, typical of Lamb's functional pottery. Standing second from left is young Amos Lewis, Liverpool Road, and second from right, potter Thomas John Evans. On the far right is John Lamb, owner of the pottery which had belonged to the Sharratt family from the early 19th century. By the 1930s Lamb's, Hayes's, and Powell's were the only potteries working in Buckley. John Lamb's nephew, George tried to restart the pottery when he returned to Buckley after the Second World War, but his attempt proved unsuccessful.

Seidin Etna, yn edrych tua'r gogledd, 1876. Dechreuwyd Gwaith Brics Etna (ar y chwith), gan John Royle a'i fab, tua 1845, ac ar y pryd roedd yn perthyn i Richard Ashton a'i Gwmni. Ar yr ochr arall i Reilffordd Bwcle, gellir gweld Gwaith Brics Globe, a oedd yn perthyn i Charles Davison a'i Gwmni. Roedd gweithfeydd Etna a Globe wedi cau cyn 1914.

Etna siding, looking north, 1876. Etna Brickworks (on the left), started by John Royle & Son c. 1845, was at this time owned by Richard Ashton & Co. On the opposite side of the Buckley Railway can be seen the Globe Brickworks which belonged to Charles Davison & Co. Both the Etna and Globe works had closed before 1914.

Gwaith cloddio ac adeiladu mewn gwaith brics ym Mwcle, tua 1915.

Excavation and building work in progress at a brickworks in Buckley, c. 1915.

Gwaith Brics Ewloe Barn, 1880au. Fe'i adwaenid yn lleol fel *Bottom works* ac fe'i sefydlwyd gan Charles Davison ym 1847. Yn ddiweddarach, bu'n eiddo i'r brodyr Henry a Frank Hurlbutt a'i rheolodd tan 1918 pryd y daeth i feddiant *General Refractories* o Sheffield. Bu'n eiddo i'r cwmni hwnnw hyd nes iddo gau ym 1976. Arbenigai'r gwaith brics mewn gwneud brics addurnol, pensaernïol i'w gwerthu ledled y byd.

Ewloe Barn Brickworks, 1880s. Known locally as the Bottom works, it was founded by Charles Davison in 1847. This brickworks was later owned and managed by brothers Henry and Frank Hurlbutt until 1918 when it was acquired by General Refractories of Sheffield, remaining with that company until its closure in 1976. Ewloe Barn specialised in making decorative architectural bricks for sale world-wide.

Llun awyr o Waith Brics Old Ewloe, yn edrych i'r gogledd-orllewin, 1930au. I'r de o'r gwaith brics mae tŷ'r rheolwr a swyddfeydd. Ar y dde, mae'r lein leol o Lofa'r Mountain yn ymuno â'r lein LNER (Rheilffordd Wrecsam, Yr Wyddgrug a Chei Connah gynt), i'r dwyrain o'r gwaith brics. Fe'i adwaenid yn lleol fel *Top works*, ac fe'i agorwyd tua 1862 gan Charles Davison a'i Gwmni. Fel Gwaith Brics Ewloe Barn, daeth Gwaith Brics Old Ewloe i feddiant *General Refractories* o Sheffield ar ddiwedd y Rhyfel Byd Cyntaf. Fe'i caewyd ym 1979.

Aerial view of Old Ewloe Brickworks, looking north-west, 1930s. To the south of the works are the manager's house and offices. The branch line (right) from Mountain Colliery joins the LNER line (formerly the Wrexham, Mold & Connah's Quay Railway) east of the brickworks. Old Ewloe Brickworks, known locally as the Top works, was opened c. 1862 by Charles Davison & Co. Like Ewloe Barn brickworks, Old Ewloe was acquired by General Refractories of Sheffield at the end of the First World War. It closed in 1979.

Gyferbyn: Gwaith Brics Knowle Lane a'r seidin yn edrych i'r de-ddwyrain, 1876. Sefydlwyd y gwaith brics ym 1792 gan William Leach a'i Gwmni ac fe'i prynwyd ym 1841 gan Richard Ashton a'i Gwmni. Trefnodd Ashton i lein leol a seidin (Rheilffordd Bwcle) gael eu hadeiladu i gyfeiriad ei waith brics yn ystod y 1860au. Pan fu farw Ashton ym 1867, daeth y gwaith i feddiant Frederick a Richard H. Prince, ac ym 1888 daeth yn eiddo i J.B. Gregory ac eraill. Caeodd Gwaith Brics Knowle Lane ym 1902.

Opposite: Knowle Lane Brickworks and siding, looking south-east, 1876. The brickworks, founded in 1792 by William Leach & Co., was purchased in 1841 by Richard Ashton & Co. It was Ashton who in the 1860s had the branch line (Buckley Railway) and siding to his works constructed. When Ashton died in 1867, ownership passed to Frederick and Richard H. Prince, and in 1888 to J.B. Gregory and others. Knowle Lane Brickworks closed in 1902.

Seidin Old Ewloe, yn edrych tua'r gogledd, 1876. *Old Ewloe siding, looking north, 1876.*

Rheolwyr a dynion yng Ngwaith Brics Brookhill, 1894. Gwelir J.M. Gibson, rheolwr *Buckley Brick & Tile Co.* (perchennog gwaith Brookhill a Belmont) yng nghanol y rhes flaen. Arferai'r bechgyn ifainc troednoeth (rhes flaen, ar y dde) bwdlo clai cyn iddo gael ei gymryd i'r siediau sychu. Sefydlwyd gwaith Brookhill, neu'r *Lower Works*, ym 1865, ac fe'i prynwyd gan *Castle Fire Brick Co.* ym 1940 a'i gau ym 1961.

Managers and men at Brookhill Brickworks, 1894. In the centre of the front row is J.M. Gibson, manager of Buckley Brick & Tile Co., which owned Brookhill and Belmont works. The youths with bare feet (front row, on right) had the job of puddling the clay before it was taken to the drying sheds. Brookhill or 'Lower' works, established in 1865, was bought by Castle Fire Brick Co. in 1940 and closed in 1961.

Gwaith Brics a thwll clai Belmont, 1894. Fe'i agorwyd ym 1864, a bu Belmont neu'r *Upper Works* yn cynhyrchu'n barhaus hyd at 1913, pan ddaeth y clai i ben. Llanwyd y twll clai ar ôl i rai gael eu boddi yno yn ystod y 1920au. Adeiladwyd yr ystad o dai sy'n dwyn yr enw Belmont ar y safle tua 1927.
Belmont Brickworks and clay-hole, 1894. Opened in 1864, Belmont or 'Upper' works was in continuous production until 1913 when it was abandoned due to the exhaustion of the clay there. The clay-hole was filled in after some drowning incidents in the 1920s. Belmont housing estate was built on the site c. 1927.

Gyferbyn: Gwaith Brics Hancock, Lane End, yn edrych i'r de-ddwyrain, tua 1905. Fe'i sefydlwyd ym 1792, ac yr oedd yn un o'r gweithfeydd brics hynaf ym Mwcle. Parhaodd cwmni Hancock yn eiddo i'r teulu hyd at yr 20fed ganrif. Yn ystod y dyddiau cynnar, roedd gan y cwmni byllau glo a byddent yn masnachu'n eang. Gyda chwblhau Rheilffordd Wrecsam, Yr Wyddgrug a Chei Connah ddiwedd y 1860au, Gwaith Brics Hancock oedd un o'r rhai cyntaf i gael eu cysylltu. Erbyn canol y 19eg ganrif, hwn oedd y gwaith brics mwyaf yng Nghymru. Masnachai ledled y byd tan tua 1915, pryd y bu i'r rhyfel a'r tollau amddiffynnol sylweddol yn UDA effeithio'n andwyol ar allforion. Daeth i feddiant y *Castle Fire Brick Co.* ym 1956, ac fe'i caewyd dair blynedd yn ddiweddarach.
Opposite: Hancock's Brickworks, Lane End, looking south-east, c. 1905. Founded in 1792, it was one of the oldest brickworks in Buckley and the firm of Hancock's remained a family concern into the 20th century. In the early days Hancock's also owned collieries and traded extensively in coal. With the completion of the Wrexham, Mold & Connah's Quay Railway in the late 1860s, Hancock's was one of the first works to be connected. In the mid-19th century it was the largest brickmaker in Wales. It traded world-wide until c. 1915 when the war and high protective tariffs in the USA severely affected exports. In 1956 it was taken over by the Castle Fire Brick Co., and closed down three years later.

82

Twll clai y Mount, yn edrych tua'r gogledd-ddwyrain, tua 1910. Adeg tynnu'r llun hwn, roedd anghydfod rhwng Gwaith Brics Hancock, a oedd yn eiddo i Waith Brics y Mount (ar y chwith), a chwmni Ashton, perchenogion Gwaith Brics Knowle Hill (ar y dde) dros yr hawl i ddefnyddio'r llain o glai a oedd yn weddill ac a oedd yn gwahanu eu tyllau clai. Dechreuwyd Gwaith Brics y Mount gan William Hancock ym 1842, ac fe'i caewyd ym 1931. Roedd Gwaith Brics Knowle Hill wedi cau erbyn 1899.

The Mount clay-hole, looking north-east, c. 1910. At the time this picture was taken, Hancock & Co., who owned the Mount Brickworks (left), were in dispute with Ashton & Co., owners of Knowle Hill Brickworks, (right) over the right to work the remaining strip of clay which separated their respective clay-holes. Mount Brickworks was started by William Hancock in 1842, and closed in 1931. Knowle Hill Brickworks had closed by 1899.

Gwaith Brics Trap, 1977. Fe'i adeiladwyd cyn 1800, a pherthynai'n wreiddiol i Catherall a'i Gwmni, y cwmni cynhyrchu brics hynaf ym Mwcle (fe'i sefydlwyd ym 1760). Ym 1936, fe'i prynwyd gan *Castle Fire Brick Co.*, a ail-adeiladodd y gwaith hwn yn llwyr ym 1960-62 er mwyn cynhyrchu, yn bennaf, frics-lletwad ar gyfer gwaith dur Pont Penarlâg.

Trap Brickworks, 1977. Built before 1800, it originally belonged to Catherall & Co., the oldest brick-making company in Buckley (founded in 1760). In 1936 it was bought by Castle Fire Brick Co. who completely rebuilt this works in 1960-62 to produce, principally, silica bricks for Hawarden Bridge steelworks.

Dynion a gyflogid yng Ngwaith Brics Hancock, 1926.
Men employed at Hancock's Brickworks, 1926.

Aelodau o'r staff a gweithwyr a gyflogid yn Ngwaith Brics Hancock, 1930au. Ar y chwith eithaf mae Thomas John ('Tonty') Edwards, a'r rheolwr, Dennis Griffiths (yn gwisgo tei) yw'r seithfed o'r dde.

Staff and men employed at Hancock's Brickworks, 1930s. On the extreme left is Thomas John ('Tonty') Edwards, and seventh from right is manager Dennis Griffiths (wearing tie).

Croesfan rheilffordd y *Castle Fire Brick Co.*, yn edrych tua'r gogledd, 1876. Lleolid hon ychydig i'r dwyrain o'r cwmni, a sefydlwyd ym 1865. Adeiladwyd gwaith newydd gerllaw ym 1925 i gynhyrchu brics adeiladu cyffredin.

Castle Fire Brick Co. level-crossing, looking north, 1876. This was just east of the company's works, established in 1865. A new works was built nearby in 1925 for production of common building bricks.

Wagen *Sentinal* a oedd yn eiddo i'r *Castle Fire Brick Co.*, 1930au. Ymhlith y dynion a welir yma y mae Frank Hughes (Alltami), Joe Kelsall, Bill Hughes (y tri cyntaf o'r chwith), a'r gyrrwr Frank Jenkins (Llaneurgain).

Sentinal wagon belonging to the Castle Fire Brick Co., 1930s. Among the men pictured are Frank Hughes (Alltami), Joe Kelsall, Bill Hughes (first three from left), and driver Frank Jenkins (Northop).

Lorïau a thryciau, yn eu plith rhai *Flintshire Haulage Co.*, Bwcle a'r *Castle Fire Brick Co.* yn profi pont newydd Queensferry, 1926. Y Cynghorydd Bill Wilson, o Gyngor Bwcle, a pherchennog Gwaith Brics Sandycroft (Drury) oedd perchennog *Flintshire Haulage Co.*. Parhaodd y cwmni i weithio tan y 1970au.

Lorries and trucks, including those of the Flintshire Haulage Co., Buckley and the Castle Fire Brick Co., testing the new Queensferry bridge, 1926. Buckley councillor Bill Wilson, proprietor of Sandycroft (Drury) Brickworks, owned the Flintshire Haulage Co. which operated until the 1970s.

Diwrnod yn y maes, y *Castle Fire Brick Co.*, 1946. Gyda Syr Richard Summers, rheolwr-gyfarwyddwr John Summers a'i Feibion a'r Fonesig Summers (yr ail a'r trydydd o'r chwith) y mae, o'r chwith: George Alletson (rheolwr-gyfarwyddwr y *Castle Fire Brick Co.*), David Hughes (rheolwr y gwaith), Norman Wynne (rheolwr gwerthiant), Eric Tarran (siop-stiward Undeb y Gweithwyr Trafnidiol a Chyffredinol) a Ralph Catherall (fforman). Ym 1916, prynodd John Summers a'i Feibion y *Castle Fire Brick Co.* er mwyn sicrhau'r holl friciau silica a gynhyrchai ar gyfer Gwaith Dur Rhif 2, a oedd yn cael ei adeiladu yn Shotton ar y pryd.

Castle Fire Brick Co. field day, 1946. With Sir Richard Summers (managing director of John Summers & Sons) and Lady Summers (second and third from left) are, from left: George Alletson (managing director of the Castle Fire Brick Co.), David Hughes (works manager), Norman Wynne (sales manager), Eric Tarran (TGWU shop steward) and Ralph Catherall (foreman). In 1916 John Summers & Sons bought Castle Fire Brick Co. in order to obtain the whole of its output of silica bricks for No 2 Steelworks, which was then being built at Shotton.

John a Mary Simnor o Ewloe Green, tua 1905. Roedd John Simnor (1833-1927) yn fforman yng Ngwaith Brics Aston Hall tan iddo ymddeol tua 1900. Roedd yn ofalwr ac yn ystlyswr yn Eglwys Genhadol Dewi Sant, Ewloe Green, ac roedd yn byw gyda'i wraig yn Oldfield, Green Lane (a elwid yn lleol yn y 1890au fel Simnor's Lane). Mae teulu Simnor wedi bod yn byw yn Ewlô ers canol y 18fed ganrif.

John and Mary Simnor of Ewloe Green, c. 1905. John Simnor (1833-1927) was foreman at Aston Hall Brickworks until his retirement c. 1900. He was verger and sidesman at St David's Mission Church, Ewloe Green, and he and his wife Mary lived at Oldfield, Green Lane, known locally in the 1890s as Simnor's Lane. There have been Simnors at Ewloe since the mid-18th century.

Dynion a bechgyn a gyflogid gan y *Standard Brick & Tile Co.*, tua 1910. J.B. Gregory oedd perchennog y gwaith hwn, a agorwyd yn ystod y 1890au. Ei brif gynnyrch ar ôl y Rhyfel Byd Cyntaf oedd pibau wedi eu gwydro â halen, a ddefnyddid ar gyfer draens, carthffosiaeth a pheipio. Daeth y cwmni'n rhan o Grŵp y *General Refractories* (Sheffield) yn ystod y 1950au.

Men and boys employed at the Standard Brick & Tile Co. works, c. 1910. Owned by J.B. Gregory, this works opened in the 1890s. Its main output after the First World War was salt-glazed pipes used for drains, sewerage and ducting. The Standard works became part of the General Refractories (Sheffield) Group in the 1950s.

Llun awyr o Waith Brics Cyffordd Bwcle, yn edrych tua'r gogledd, 1930au. William Hancock a'i Gwmni oedd y perchenogion ac arbenigai'r gwaith brics hwn mewn gwneud brics wyneb, gan gynnwys brics 'Jacobean', a oedd o safon uwch. Ym 1941, pan ddaeth Hancock a'i Gwmni'n gwmni cysylltiol i *Buckley Foundry Ltd*, daethpwyd i alw'r gwaith brics fel y gwaith *Metallic*. Caeodd Gwaith Brics Cyffordd Bwcle ym 1962, chwe blynedd ar ôl iddo ddod yn rhan o'r *Castle Fire Brick Co*.

Aerial view of Buckley Junction Brickworks, looking north, 1930s. Owned by William Hancock & Co., this brickworks specialised in making facing bricks, including the superior-quality 'Jacobean' brick. In 1941 when Hancock & Co. became an associate company of Buckley Foundry Ltd, the brickworks became known as the 'Metallic' works. Buckley Junction brickworks closed in 1962, six years after it had become part of Castle Fire Brick Co.

Gyferbyn: Llun awyr o weithfeydd y *Standard Brick & Tile Co.*, yn edrych tua'r gogledd, 1930au. Yn y blaendir mae'r twll clai a oedd yn eiddo i Waith Brics Lane End, ac o'i flaen, Capel y Methodistiaid, Pentrobin (a godwyd ym 1878). Y tu hwnt i weithfeydd *Standard* y mae Pwll Glo Mount Pleasant.

Opposite: Aerial view of Standard Brick & Tile Co., looking north, 1930s. In the foreground is the clay-hole belonging to Lane End Brickworks, and, in front, Pentrobin Methodist Chapel, built in 1878. Beyond the Standard works is Mount Pleasant Colliery.

Gwneud brics yng Ngwaith Brics Drury, 1950au. Yn y sied sychu, gwelir y dyn ar y chwith yn rhagffurfio'r brics sydd wedyn yn cael eu rhoi i'r dyn arall sy'n rhoi haenen o dywod arnynt, cyn eu cymryd i'r wasg llaw gludadwy. Dim ond brics wyneb arbennig a wneid â llaw yn y dull hwn.

Brick-making at Drury Brickworks, 1950s. In the drying-shed, the man on the left is pre-forming the bricks which are then passed to the other man for coating with sand, before being taken to the portable hand-press. Only special facing bricks were hand-made in this way.

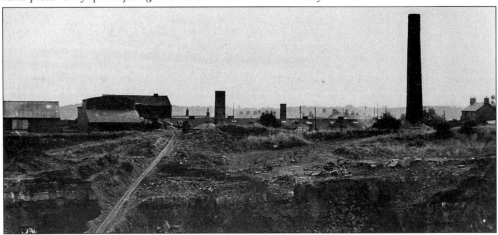

Gwaith Brics Drury, yn edrych i'r dwyrain o Gas Lane, 1950au. Ar y chwith mae'r sied malu clai a'r sied gwneud brics. Ar y dde eithaf mae The Beeches, tŷ'r rheolwr, ac ar y chwith i hwn mae'r brif simdde, a dynnwyd i lawr yn y 1970au. Agorwyd y gwaith brics ym 1874 a bu'n cynhyrchu brics am dros gan mlynedd. Cymerwyd y gwaith gan Shones (Bwcle) Cyf. ddiwedd y 1940au.

Drury Brickworks, looking east from Gas Lane, 1950s. On the left is the pan-house and brick-making house. On the extreme right is The Beeches, the manager's house, with, to its left, the main chimney which was taken down in the 1970s. The brickworks opened in 1874 and was in production for over a hundred years. Shones (Buckley) Ltd took over the works in the late 1940s.

Glofa a Gwaith Brics Mount Pleasant, tua 1900. Pan gychwynnodd J.B. Gregory a'i Gwmni Bwll Glo Mount Pleasant tua 1888, daethpwyd o hyd i haenau gwerthfawr o glai yn yr ardal ac arweiniodd hyn at sefydlu gwaith brics yno. Mae'r llun hwn yn dangos dynion yn tyllu siafft awyru, o bosib, ar gyfer y lofa.

Mount Pleasant Colliery and Brickworks, c. 1900. At the time that J.B. Gregory & Co. sank Mount Pleasant Colliery c. 1888, valuable deposits of clay were discovered in the area leading to the establishment of a brickworks there. This picture shows men engaged in sinking what was possibly a ventilation shaft for the colliery.

Glofa Mount Pleasant, tua 1890. Fe'i cychwynnwyd gan J.B. Gregory a'i Gwmni yn ardal yr hen byllau Wood a bu'n cynhyrchu glo am dros ddeugain mlynedd cyn i'r gwaith ddod i ben ym 1931. Daeth J.B Gregory i Fwcle ym 1872 yn rheolwr Glofa Little Mountain (ynghyd â glofeydd Brynkinallt a Flint Marsh). Yn ystod y 1880au roedd yn un o'r diwydianwyr mwyaf gweithgar yn yr ardal. Ddwy flynedd cyn ei farwolaeth ym 1891, pan oedd yn 44 oed, roedd yn hyrwyddo dau gwmni newydd – *Buckley Gas Co.* a *Gregory's Aerated Water Works.*

Mount Pleasant Colliery, c. 1890. Sunk by J.B. Gregory & Co. in the area of the old Wood pits, it produced coal for over forty years before it was abandoned in 1931. J.B. Gregory came to Buckley in 1872 to manage Little Mountain Colliery (together with Brynkinallt and Flint Marsh collieries). During the 1880s he was one of the most active industrialists in the district. In the two years before his death in 1891, at the age of 44, he was promoting two new companies – the Buckley Gas Co. and Gregory's Aerated Water Works.

Diwedd sifft yng Nglofa'r Mountain, 1920au. Mae Sally Parry, Y Trap, (ar y dde eithaf) yn aros am ei gŵr, Joe, sydd ar fin dod trwy giatiau'r lofa.

End of shift at Mountain Colliery, 1920s. Sally Parry, The Trap (far right) waits for her husband Joe, who is just coming through the pit gates.

Glofa'r Mountain, tua 1900. Cychwynnwyd y lofa ym 1897 gan George Watkinson a'i Feibion, a fu'n berchenogion glofeydd yn ardal Bwcle ers diwedd y 1860au. Pan gaeodd ym 1929, John Summers a'i Fab oedd perchenogion Glofa'r Mountain ar ôl iddynt brynu buddiannau glofaol Watkinson yn 1920.

Mountain Colliery, c. 1900. This pit was sunk in 1897 by George Watkinson & Sons who had been colliery proprietors in the Buckley district since the late 1860s. When it closed in 1929, Mountain Colliery was owned by John Summers & Son who had bought out Watkinson's colliery interests in 1920.

John a James Smith, tua 1930. Cyflogid y brodyr hyn o Knowle Lane, Pentre, yn y sied lampau yng Nglofa'r Mountain. Dim ond 30 modfedd o daldra oedd Johnny ac roedd ei frawd droedfedd yn dalach. Cyn dechrau defnyddio cerbydau yn yr ardal, cludai Johnny deithwyr rhwng Bwcle a'r Wyddgrug mewn wagen fach a dynnid gan geffyl. Rheolai ei fusnes gydag awdurdod urddasol ac roedd yn yrrwr medrus. Roedd Johnny, Jimmy a'u chwaer Mary (a oedd tua'r un taldra) yn gantorion ardderchog ac arferent berfformio'n lleol. Bu farw Johnny ym 1935 yn 76 oed, a bu farw Mary 20 mlynedd cyn hynny.

John and James Smith, c. 1930. The Smith brothers of Knowle Lane, Pentre were employed in the lamp room at Mountain Colliery. Johnny was only 30 inches in height and his brother a foot taller. Before the introduction of motor vehicles in the district, Johnny conveyed passengers to and from Mold in his horse-drawn wagonette. He managed his business with dignified authority and was a skilled driver. Johnny, Jimmy and sister Mary (also of similar height) were all excellent singers and used to perform as a trio in local entertainments. Johnny died in 1935 aged 76, Mary 20 years earlier.

Glofa'r Mountain, tua 1905. Yr adeg yma, cyflogid tua 250 o ddynion yng Nglofa'r Mountain. Fodd bynnag, roedd gan Elm, y lofa fwyaf ym Mwcle, weithlu o dros 400. Roedd glofeydd eraill Watkinson, yr Oak a'r Ash, yn dirwyn i ben yr adeg hon a chyflogent o gwmpas deg ar hugain o ddynion yr un.

Mountain Colliery, c. 1905. At this time Mountain Colliery employed about 250 men. By comparison, Elm, the largest colliery in Buckley, had a workforce of over 400. Watkinson's other pits, the Oak and Ash, were at this time approaching the end of their lives and had little more than thirty men each.

Gyferbyn: Glowyr Glofa Elm, tua 1900. Cychwynnwyd pwll Rhif 1 yng Nglofa Elm ym 1876 gan George Watkinson a'i Feibion a dilynwyd hyn gan byllau Rhif 2 a Rhif 3 ym 1894. Yn fuan ar ôl dod i'r ardal yn ystod y 1860au, prynodd Watkinson bwll drifft Willow. Dros gyfnodau gwahanol, bu Watkinson a'i Feibion yn berchenogion glofeydd Ash, Oak, Maesygrug, Mountain a Bannel. Gwerthwyd eu buddiannau glofaol i John Summers a'i Feibion ym 1920. Caeodd Glofa Elm, glofa olaf yr ardal, ym 1934, pan oedd ym meddiant y cwmni hwnnw. Y ffactorau tyngedfennol a oedd yn gysylltiedig â'r cau oedd bod y cyflenwad glo wedi gorffen a bod glo rhatach yn cael ei gynhyrchu yng nglofeydd Wrecsam.

Opposite: Miners at Elm Colliery, c. 1900. No 1 pit of Elm Colliery was sunk in 1876 by George Watkinson & Sons, followed by No 2 and No 3 pits in 1894. Shortly after coming to the district in the 1860s, Watkinson took over the Willow drift mine. Watkinson & Sons was at various times proprietor of the Ash, Oak, Maesygrug, Mountain and Bannel collieries. They sold their mining interests to John Summers & Sons in 1920, and it was under the latter's ownership that Elm, the last remaining colliery in the district, was closed in 1934. Exhausted coal reserves and cheaper coal produced by the Wrexham pits had been the decisive factors in its closure.

Gweithwyr y Wyneb, Glofa'r Elm, tua 1910. Yn y llun gwelir Tom Stanley, (peiriannydd), Peter Wilcock, Bob Stanley, William Iball, William Peters (windiwr), Edward Roberts (gof), a Tom 'Francis' Davies (saer ac atgyweiriwr tybiau).
Surface workers at Elm Colliery, c. 1910. Pictured here are Tom Stanley (engineer), Peter Wilcock, Bob Stanley, William Iball, William Peters (winder), Edward Roberts (blacksmith) and Tom 'Francis' Davies (joiner and tub repairer).

Brigâd achub Glofa Elm, tua 1920. Yn sefyll y mae: William Tudor Peters, Samuel T. Peters, Aneurin Griffiths, W. Hopwood Iball, T.J. Roberts (capten y frigâd), John Thomas Hopwood (is-reolwr y lofa) ac yn eistedd: W.C.A. Collin (rheolwr y lofa). Daeth darparu gorsafoedd achub canolog yn holl feysydd glo Prydain yn orfodol o dan reoliadau arbennig yn Neddf y Pyllau Glo, 1911, a ddaeth yn ddeddf ym 1913-14. Roedd yr offer achub 'Proto' (a welir uchod) wedi ei ddatblygu er 1907.

Elm Colliery rescue brigade, c. 1920. Pictured standing: William Tudor Peters, Samuel T. Peters, Aneurin Griffiths, W. Hopwood Iball, T.J. Roberts (brigade captain), John Thomas Hopwood (colliery undermanager); and seated: W.C.A. Collin (colliery manager). The provision of central rescue stations in all British coalfields became compulsory under special regulations in the 1911 Coal Mines Act, enacted in 1913-14. The 'Proto' rescue equipment (seen above) had been developed from 1907.

Glofa Dumpling, Lane End, tua 1900. Ym 1893, Horace Mayhew, a fu gynt yn rheolwr Pwll Glo
Aston Hall, oedd y perchennog, gyda Joseph Newton yn rheolwr. Daeth cyfnod byr y pwll glo
hwn i ben tua 1914.
*Dumpling Colliery, Lane End, c. 1900. In 1893 Horace Mayhew, previously manager of Aston Hall
Colliery, was proprietor, with Joseph Newton the manager. This was a short-lived colliery and had been
abandoned by c. 1914.*

Gyferbyn: Dymchwel y simdde yng Nglofa'r Elm, Medi 1933. Roedd y simdde'n 126 troedfedd o
uchder ac fe'i codwyd ym 1886 gan Richard Jones o Lane End, gyda brics melyn a wnaed gan
North & South Buckley Brick Co. Rhoddwyd y gorau i ddefnyddio'r simdde a'r bwyleri pan
osodwyd trydan yn y Lofa yn gynnar yn y 1920au. William Hopwood oedd rheolwr y lofa pan
ddymchwelyd y simdde gan Elcock & Wood o Smithwick, Birmingham.
*Opposite: Demolition of the chimney at Elm Colliery, September 1933. Built by Richard Jones of Lane
End in 1886, the chimney was 126 feet high, built of yellow bricks made by the North & South Buckley
Brick Co. When electricity was installed at Elm Colliery in the early 1920s, the chimney, and the
boilers it served, became redundant. William Hopwood was colliery manager at the time it was felled by
Elcock & Wood of Smethwick, Birmingham.*

Casglu glo yn ystod streic genedlaethol 1912. Cynhaliwyd yr anghydfod hwn ynglŷn â chyfraddau cyflog gan löwyr ar draws maes glo Sir y Fflint a pharhaodd gydol mis Mawrth a rhan o Ebrill. Ar wahân am lofeydd Bwcle, roedd yr anghydfod yn ddrwg yn Bettisfield (Bagillt) a Bromfield (Yr Wyddgrug). Effeithiwyd ar fwyafrif y gweithwyr ym Mwcle o ganlyniad i'r anghydfod. Arferai'r dynion fynd i ddau hen dwll clai i gasglu glo ar gyfer eu cartrefi. Ymhen hir a hwyr, bu'n rhaid i'r dynion ddychwelyd i'r gwaith heb lwyddo i sicrhau unrhyw godiad cyflog.

Picking coal during the national strike of 1912. This dispute by miners over minimum wage rates took place throughout the Flintshire coalfield and lasted the whole of March and early April. Besides the Buckley collieries, those of Bettisfield (Bagillt) and Bromfield (Mold) were badly hit. Much of the working population of Buckley was affected as a consequence. Men made for two abandoned clay-holes to pick coal for their domestic needs. Eventually, the men were forced to return to work without achieving any improvement in their wages.

Old Smelt, tua 1905. Roedd yr adeilad brics hwn, a oedd yn 60 troedfedd o uchder ac ar ffurf côn, yn sefyll tua 400 llath i'r dwyrain o Groes Bwcle ac yr oedd yn nodwedd amlwg yn yr ardal am dros 175 o flynyddoedd. Fe'i codwyd tua 1790 gan John Wilkinson, Y Bers, y meistr haearn enwog o'r 18fed ganrif, ac fe'i defnyddid ar gyfer smeltio plwm crai a ddôi o byllau Llyn-y-Pandy ger Yr Wyddgrug. Dewisodd Wilkinson Fwcle oherwydd ei fod wedi'i leoli ger glo rhad. Rhoddwyd y gorau i smeltio plwm rywbryd ar ôl marw Wilkinson ym 1808. Daeth yn ffowndri fechan maes o law a gwnâi gastin haearn ar gyfer gweithfeydd brics a glofeydd lleol. Y cyd-berchenogion oedd Hancocks a Rigby o Benarlâg. Fe'i gwerthwyd ym 1933 gan *Hancock & Co* i *Buckley Foundry Ltd* (y perchennog oedd L. Beavan). Dymchwelwyd y Smelt ym 1966 er mwyn ail-ddatblygu'r dref.

Old Smelt, c. 1905. This 60-ft high conical brick structure, which stood about 400 yards east of Buckley Cross, was for over 175 years a familiar landmark in the area. Built about 1790 by John Wilkinson of Bersham, the famous 18th-century ironmaster, it was used for smelting lead ore brought from his Llyn-y-pandy mines, near Mold. Wilkinson chose Buckley because of the close proximity of cheap coal. Sometime after Wilkinson's death in 1808, lead-smelting ceased there. It later became a small foundry making iron castings for the local brickworks and collieries and was owned jointly by Hancock's and Rigby of Hawarden. In 1933 it was sold by Hancock & Co. to Buckley Foundry Ltd (L. Beavan, proprietor). The Smelt was demolished in 1966 to make way for redevelopment in the town.

99

Gwaith *Gregory's Aerated Water Company*, 1920au. Sefydlwyd y cwmni hwn tua 1888 gan John Bate Gregory, Cold Harbour House, a oedd yn berchennog ar waith brics a glofa. Arferai'r cwmni wneud diodydd 'pop', yn eu plith lemonêd, *dandelion and burdock* a diod sunsur. Bu dwy lori, a gâi eu tynnu gan bâr o geffylau gwedd, yn dosbarthu'r diodydd yn lleol tan y Rhyfel Byd Cyntaf. Trowyd y gwaith yn ffatri bicls yn ddiweddarach ac yr oedd yn parhau yn nwylo teuluoedd Gregory a Kenyon pan gaeodd y gwaith tua 1953. Dymchwelwyd adeilad tal y gwaith, a godwyd o frics lliw hufen a wnaed yng ngwaith brics Gregory, Mount Pleasant, ym 1962. Gorsaf betrol sydd ar y safle heddiw.

Gregory's Aerated Water Company works, 1920s. This company, founded c. 1888 by brickworks and colliery proprietor John Bate Gregory of Cold Harbour House, manufactured 'pop' drinks including lemonade, dandelion and burdock, and ginger beer. Local deliveries up to the end of the First World War were made by two lorries, each pulled by a pair of horses. In its later years it became a pickle works, and was owned by the Gregory and Kenyon families when it closed about 1953. The tall works building, built of buff-coloured bricks made at Gregory's Mount Pleasant Brickworks, was demolished in 1962. The site is now a petrol filling-station.

Seidin Cwmni Glo Knowle Lane, tua 1910. Roedd y seidin neu'r cei, a oedd ar les i Edward Lloyd, Cold Harbour, gan y *Great Central Railway Company*, yn fan dosbarthu glo, paraffîn a nifer o nwyddau eraill. Roedd pont bwyso yno yn ogystal. Defnyddiwyd y seidin tan tua 1935.

Knowle Lane Coal Co. siding, c. 1910. This siding or wharf, leased by Edward Lloyd, Cold Harbour from the Great Central Railway Co., was a distribution point for coal, paraffin, and many other goods. There was also a weighbridge. The siding continued in use until about 1935.

Ceffyl yn tynnu bocsys ar gyfer y llongau yn y Willow, gydag Alex Hughes y gyrrwr, tua 1925. Defnyddid ceffylau fel hyn i dynnu brics a nwyddau eraill i'r cei (yng Nghei Connah) mor ddiweddar â'r 1940au. Roedd Alex Hughes yn fab i Fred Hughes, Liverpool House, deliwr gwartheg.
A horse drawing shipping boxes at the Willow, with his driver, Alex Hughes, c. 1925. Horses were still being used in this way to take bricks and other goods to the quay (at Connah's Quay) as late as the 1940s. Alex Hughes was the son of Fred Hughes of Liverpool House, cattle dealer.

Trên yn cyrraedd gorsaf Tref Bwcle, 1957. Mae pont Drury Lane y tu ôl iddi ac ar y dde y mae hen adeiladau'r orsaf a simdde Gwaith Brics Drury. Caeodd yr orsaf ym 1901 a thynnwyd y simdde i lawr yn ystod y 1970au.

A train entering Buckley Town station, 1957. Behind the train is Drury Lane bridge, and to its right are the old station buildings and the chimney of Drury Brickworks. The station closed in 1901, and the chimney was taken down in the 1970s.

Cangen Bwcle o *BR Midland Region* ger hen Lofa Ewloe Hall, yn edrych tua'r gogledd yn y 1950au. Yn y pellter ar y chwith gwelir Etna Cottages. Adeiladwyd ffordd Globe Way ar lwybr yr hen lein reilffordd, a arferai gario mwynau, ac y mae'n arwain at ystad ddiwydiannol Mount Pleasant. Ar y dde gwelir siafft awyru Glofa Ewloe Hall (wedi'i dymchwel bellach ac eithrio'r darn gwaelod).

Buckley branch (BR Midland Region), near the old Ewloe Hall Colliery, looking east, 1950s. In the distance on the left are Etna Cottages. In place of this mineral railway line is now a road, Globe Way, leading to Mount Pleasant industrial estate. On the right is the Ewloe Hall Colliery ventilation shaft (since demolished, apart from its base).

Trên y *Great Central Railway* yng ngorsaf Tref Bwcle, tua 1905, sef tua'r adeg y daeth Rheilffordd Wrecsam, Yr Wyddgrug a Chei Connah yn eiddo i'r cwmni hwnnw.
Great Central Railway locomotive at Buckley Town station, c. 1905. This is about the time that the GCR Co. took over the Wrexham, Mold & Connah's Quay Railway.

Gorsaf Padeswood a Bwcle, tua 1920. Agorodd yr orsaf hon, a oedd yn rhan o gangen Yr Wyddgrug o Reilffordd Caer a Chaergybi, ym 1851 a chafodd ei chau ym 1958. Ei henw cyn 1894 oedd Gorsaf Padeswood. Yn eistedd gyda'r grŵp ar y platfform y mae'r porthor, David Owen Roberts (y trydydd o'r chwith) a ddaeth yn orsaf-feistr Gorsaf Blaenau Ffestiniog yn ddiweddarach.
Padeswood and Buckley station, c. 1920. This station (before 1894, called Padeswood station) on the Mold branch of the Chester & Holyhead Railway, opened in 1851, and closed in 1958. Seated with the group on the platform, is David Owen Roberts, porter (third from left), who later became station-master at Blaenau Ffestiniog.

Gorsaf Cyffordd Bwcle, 1950au. Agorodd yr orsaf hon ym 1890 fel rhan o Reilffordd Wrecsam, Yr Wyddgrug a Chei Connah (sef y *Great Central Railway* wedi hynny). Caeodd yn y 1950au a dymchwelwyd rhan o adeilad brics melyn a choch yr orsaf ddeng mlynedd yn ddiweddarach. Mae gweddill yr adeilad yn weithdy saer bellach.

Buckley Junction station, 1950s. This station on the Wrexham Mold & Connah's Quay Railway (later, Great Central Railway) opened in 1890. It closed in the 1950s, and a decade later the yellow-and-red-coloured brick station building (seen here) was partly demolished; the remainder is now part of a joinery workshop.

Gorsaf Cyffordd Bwcle, 1910. Ar y dde i William Phillipson, y gorsaf-feistr (yr ail o'r chwith) mae Thomas John Shone, gwneuthurwr bwyleri, a'i wraig. Roedd gan T.J. Shone ei waith atgyweirio bwyleri yng Ngorsaf Cyffordd Bwcle o 1900 tan tua 1920.

Buckley Junction station, 1910. To the right of William Phillipson, station-master (second from left) are Thomas John Shone, boilermaker and his wife. T.J. Shone had his boiler-repair works at Buckley Junction station from 1900 to c. 1920.

Adran Chwech/Section Six
Sefydliadau, Cymdeithasau a Digwyddiadau
Organisations and Events

Shepherds of the Mountain Cyfrinfa *(Order of Ancient Shepherds)*, tua 1905. Ymhlith yr aelodau a welir yma y mae Mr Wainwright, Walter Crofts, Robert Hewitt, Ted Bellis, T.J. Messham, Mr McAvoy, John Lindop, yr hynaf, a Richard Bellis. Ffurfiwyd y Gyfrinfa ym 1866, a'i diddymu ym 1991, gan drosglwyddo'r aelodaeth i gyfrinfa Tarvin, Swydd Caer.
Shepherds of the Mountain Lodge (Order of Ancient Shepherds), c. 1905. Members pictured here include Mr Wainwright, Walter Crofts, Robert Hewitt, Ted Bellis, T.J. Messham, Mr McAvoy, John Lindop Snr, and Richard Bellis. This lodge, formed in 1866, was disbanded in 1991, and the membership transferred to Tarvin Lodge, Cheshire.

Pwyllgor Rheoli Bwyd Cyngor Dosbarth Trefol Bwcle, 1917-20. O'r chwith, rhes gefn: Levi Thomas, Isaac Edwards, S. Hughes, Robert Hewitt, W. Betney; rhes ganol: Edward Roberts, James Lamb, Edward Bellis, Peter Wilcock, William Rowlands, E. Gittins; rhes flaen: Joseph Ffoulkes, Miss Eva Jones, Jonathan Catherall, Miss Lucy J. Newnes, Mrs T. Jones. Mae'r pwyllgor yn cynnwys pedwar o'r pymtheg cynghorydd a etholwyd i Gyngor Dosbarth Trefol Cyntaf Bwcle ym 1897, sef: Edward Roberts, James Lamb, William Rowlands a Jonathan Catherall.

Buckley UDC Food Control Committee, 1917-20. From left, back row: Levi Thomas, Isaac Edwards, S. Hughes, Robert Hewitt, W. Betney; middle row: Edward Roberts, James Lamb, Edward Bellis, Peter Wilcock, William Rowlands, E. Gittins; front row: Joseph Ffoulkes, Miss Eva Jones, Jonathan Catherall, Miss Lucy J. Newnes, Mrs T. Jones. The committee included four of the fifteen councillors who were elected in 1897 to the first Buckley Urban District Council, viz.: Edward Roberts, James Lamb, William Rowlands, and Jonathan Catherall.

Jonathan Catherall (1860-1933), a oedd yn perthyn i un o deuluoedd hynaf Bwcle. Roedd yn ddisgynnydd uniongyrchol i Jonathan Catherall arall, a sefydlodd y diwydiant brics tân ym Mwcle ym 1737. Adeg ei farwolaeth, fe'i adwaenid fel 'tad Cyngor Dosbarth Trefol Bwcle' gan iddo wasanaethu ar y Cyngor am 34 o flynyddoedd, y cyfnod hwyaf o wasanaeth gan un person. Roedd yn ddyn tawedog ond pan siaradai roedd ei syniadau bob amser yn cael dylanwad. Roedd Jonathan Catherall yn henadur yng Nghyngor Sir Clwyd, yn Ynad Heddwch yn Sir y Fflint ac yn gadeirydd mainc leol yr ynadon, yn aelod o Fwrdd Ysgol Yr Wyddgrug ac yn llywodraethwr Ysgol Sirol Penarlâg. Bu'n gwasanaethu am dros 30 o flynyddoedd ar Fwrdd Gwarcheidwaid Penarlâg ac ar ôl hynny ar Bwyllgor Cynorthwyo'r Cyhoedd. Roedd yn ddyn busnes craff, yn gyfarwyddwr Gwaith Dŵr Penarlâg a'r Ardal ac am 46 o flynyddoedd bu'n ysgrifennydd *Buckley Collieries Co. Ltd*. Roedd yn Rhyddfrydwr pybyr ac yn anghydffurfiwr cadarn.

Jonathan Catherall (1860-1933) belonged to one of the oldest Buckley families and was a direct descendant of an earlier Jonathan Catherall who started the fire-brick industry in Buckley in 1737. At the time of his death, he was known as the 'father of Buckley UDC', having served on the Council with an unbroken record for 34 years. He was a man of few words, but when he did speak, his views always carried weight. Jonathan Catherall was an alderman of Flintshire County Council, JP for Flintshire and chairman of the local bench of magistrates, member of Mold School Board, and governor of Hawarden County School. He served for over thirty years on the Hawarden Board of Guardians and afterwards on the Public Assistance Committee. A keen business man, he was director of Hawarden & District Waterworks, and, for 46 years, secretary of Buckley Collieries Co. Ltd. In politics, he was an ardent Liberal and, in religion, a strong nonconformist.

Aelodau a swyddogion Cyngor Dosbarth Trefol Bwcle, (ar ddiwrnod Jiwbilî Arian Brenin Siôr V) 6 Mai 1935. O'r chwith, rhes gefn: y Cynghorwyr Harold Stanley, John Thomas Hopwood, Charles Meredith Rowlands, Thomas Crozier Jones, Robert A. Smith, T. Griffiths; rhes ganol: William C. Hughes (dirprwy glerc), Dr David Fraser (swyddog meddygol dros iechyd), F. Bannister-Jones (syrfëwr ac arolygydd iechydol), John Samuel Shone (swyddog trethi), Ralph Messham (swyddog cyllid), y Cynghorwyr Joseph Catherall, Robert Hewitt, YH, Ephraim H. Jones; rhes flaen: y Cynghorwyr George Peters, Richard Bellis, Joseph Ffoulkes, W. Wilson YH, J. Norton YH, Dr Fred Llewellyn-Jones AS (clerc), Merfyn Ellis Jones, Davies Hayes, Thomas E.D. Hibbert.

Members and officials of Buckley UDC, on King George V's Silver Jubilee Day, 6 May 1935. From left, back row: Councillors Harold Stanley, John Thomas Hopwood, Charles Meredith Rowlands, Thomas Crozier Jones, Robert A. Smith, T. Griffiths; middle row: William C. Hughes (deputy clerk), Dr David Fraser (medical officer of health), F. Bannister-Jones (surveyor and sanitary inspector), John Samuel Shone (rating officer), Ralph Messham (finance officer), Councillors Joseph Catherall, Robert Hewitt JP, Ephraim H. Jones; front row: Councillors George Peters, Richard Bellis, Joseph Ffoulkes, W. Wilson JP, J Norton JP, Dr Fred Llewellyn-Jones MP (clerk), Merfyn Ellis Jones, Davies Hayes, Thomas E.D. Hibbert.

Roedd Dr David Fraser (1870-1956) yn
Swyddog Meddygol dros iechyd ar
Gyngor Dosbarth Trefol Bwcle am 51 o
flynyddoedd – cyfnod hynod o
wasanaeth. Fe'i penodwyd ym 1898 i
Gyngor Dosbarth Trefol cyntaf Bwcle.
Roedd ei ystafelloedd ymgynghori ar
Brunswick Road, lle mae swyddfa'r post
yn sefyll heddiw. Roedd ganddo
hynodrwydd anghyffredin gan iddo
ennill pencampwriaeth golff un fraich
Prydain nifer o weithiau. Roedd Dr
Fraser yn aelod ffyddlon o gôr Eglwys
Bistre.

Dr David Fraser (1870-1956) was medical
officer of health for Buckley UDC for 51
years – a remarkable record of service. He
was appointed in 1898 to the first Buckley
UDC. His consulting rooms were on
Brunswick Road, where the post office now
stands. Dr Fraser had the unusual
distinction of having won a number of times
the one-armed UK golf championship. He
was a devoted member of Bistre Church
choir.

Y Cynghorydd Thomas E.D. Hibbert,
Uwch-Siryf Sir y Fflint, 1956-57. Bu'n
Gadeirydd Cyngor Dosbarth Trefol
Bwcle ym 1931-32 ac yn henadur sir,
1942-61. Roedd y Cynghorydd Hibbert
yn werthwr nwyddau adeiladu. Roedd
yn berchennog yr Albert Hall, gyferbyn
â'r Black Horse, a oedd, yn y 1930au yn
neuadd dawnsio a biliards, (fe'i
adwaenid yn ddiweddarach fel *Hibbert's*
Corner).

Cllr Thomas E.D. Hibbert, High Sheriff
of Flintshire (1956-57). He was chairman
of Buckley UDC in 1931-32 and a county
alderman from 1942 to 1961. A builder's
merchant by trade, Cllr Hibbert owned the
Albert Hall, opposite the Black Horse,
which in the 1930s was a dance and
billiards hall (later known as Hibbert's
Corner).

Cyngor Dosbarth Trefol Bwcle, Tachwedd 1971. O'r chwith, rhes gefn: y Cynghorwyr L. Brettel Newton, John F. Thornton, John Russell, Pritchard, Jack G. Reynolds, Ivor L. Roberts, Anthony H. Parry, Matthew Wilson, Brian Simpson, Clifford Edwards, William P. Gunning; rhes ganol: Y Cynghorwyr Miss Dorothy P. Shone, J. Colin Bellis, S.E. Ligo (clerc), Arthur Jones (cadeirydd), Jack Kelly, J. Lloyd (is-gadeirydd), Adrian Jones; rhes flaen: G.A. Pugh, D. Darlington (trysorydd), A.G. Watkin (arolygydd glendid), W. Bennett, J.D. Parry; lluniau bach: J. Mycock (peiriannydd a syrfëwr), y Cynghorwyr Frank Rowlands, Hubert Parry.

Buckley UDC, November 1971. From left, back row: Cllrs L. Brettel Newton, John F. Thornton, John Russell Pritchard, Jack G. Reynolds, Ivor L. Roberts, Anthony H. Parry, Matthew Wilson, Brian Simpson, Clifford Edwards, William P. Gunning; middle row: Cllrs Miss Dorothy P. Shone, J. Colin Bellis, S.E. Ligo (clerk), Arthur Jones (chairman), Jack Kelly, J. Lloyd (vice-chairman), Adrian Jones; front row: G.A. Pugh, D. Darlington (treasurer), A.G. Watkin (sanitary inspector), W. Bennett, J.D. Parry; inset: J. Mycock (engineer and surveyor), Cllrs Frank Rowlands and Hubert Parry.

Rhyddfrydwyr Bwcle ar wibdaith yn ystod Haf, 1949. Yma gwelir Dennis Griffiths (y pedwerydd o'r dde, rhes flaen) gyda'r grŵp. Roedd yn gadeirydd Rhyddfrydwyr Cymru ym 1954. Yn ystod y 1890au, ysgrifennydd Cymdeithas Ryddfrydol Bwcle oedd Edward Roberts o'r Cosy Temperance Hotel.

Buckley Liberals on a summer outing, 1949. Seen here with the group is Dennis Griffiths (fourth from right, front row), who was chairman of the Welsh Liberals in 1954. In the 1890s the secretary of the Buckley Liberal Association was Edward Roberts of the Cosy Temperance Hotel.

Brigâd Dân Bwcle, 1940-41. Wrth ymyl peiriant tân cyntaf Bwcle, Chevrolet (a welir yma) y mae Sarsiant Elliot o'r heddlu, (a ddaeth yn brif swyddog tân yn ddiweddarach), Harry Davies, L. Billy Jones, R. Idris Griffiths, R. Arthur Edwards, John Colcough, ? Lamb, Alf Bell, Albert Williams. Ffurfiwyd y frigâd ym 1936-37 a'r Gwasanaeth Tân Cynorthwyol ym 1939. Cyn hyn, roedd Bwcle'n dibynnu ar Yr Wyddgrug ar gyfer diffodd tanau.

Buckley Fire Brigade, 1940-41. Seen here beside Buckley's first fire tender, a Chevrolet, are Police Sergeant Elliot (later to become chief fire officer), Harry Davies, L. Billy Jones, R. Idris Griffiths, R. Arthur Edwards, John Colcough, ? Lamb, Alf Bell, Albert Williams. The brigade was formed in 1936-37 and the Auxiliary Fire Service in 1939. Prior to this, Buckley was dependent on Mold for its fire cover.

Corfflu Gwirfoddolwyr Peirianwyr Cyntaf Sir y Fflint (Bwcle), 1890au. Yn ystod y 1860au, sefydlwyd Corffluoedd Gwirfoddol ledled Lloegr a Chymru fel llu wrth gefn i amddiffyn y wlad. Lleolwyd Gwirfoddolwyr Sir y Fflint yn wreiddiol yn yr Hôb, ond symudwyd hwy i Fwcle yn y 1870au. Yn eu plith yr oedd nifer o berchenogion siopau a dynion busnes mentrus fel J.M. Gibson (y chweched o'r dde, rhes flaen) a ddaeth yn brif swyddog Gwirfoddolwyr Bwcle ym 1881. Roedd pencadlys y Gwirfoddolwyr yn y felin yn Mill Lane ac ym 1894 roedd 160 o ddynion yn perthyn i'r corfflu.

1st Flintshire (Buckley) Engineers Volunteer Corps, 1890s. In the 1860s Volunteer corps were raised throughout England and Wales as a home defence reserve force. The Flintshire Volunteers, originally based at Hope, moved to Buckley in the 1870s. Among their ranks were many enterprising shopkeepers and businessmen such as J.M. Gibson (sixth from right, front row) who became commanding officer of the Buckley Volunteers in 1881. The Volunteers had their headquarters at the mill in Mill Lane and in 1894 numbered 160 men.

Uwchgapten John Merriman Gibson (1840-1927). Dôi o Northumberland yn wreiddiol a phan oedd yn ddyn ifanc, cafodd waith yn Sir y Fflint ym 1863 fel clerc i Gwmni Rheilffordd Wrecsam, Yr Wyddgrug a Chei Connah. Erbyn diwedd yr 1860au roedd wedi cael swyddi fel rheolwr ac ysgrifennydd *Buckley Brick & Tile Co.*, a bu'n gyfrifol amdano tan ychydig cyn iddo farw ym 1927. Roedd yn uwchgapten Gwirfoddolwyr Peirianwyr Cyntaf Sir y Fflint (Bwcle) ac yn gymeriad blaenllaw ym mywyd cymdeithasol a gwleidyddol Bwcle.

Major John Merriman Gibson (1840-1927). A native of Northumberland, Gibson obtained employment in Flintshire in 1863 as a clerk for Wrexham, Mold & Connah's Quay Railway. By the late 1860s he had risen to become manager and secretary of the Buckley Brick and Tile Company, and remained in charge until shortly before his death in 1927. He was a major in the 1st Flintshire (Buckley) Engineers Volunteers and a leading figure in the social and political life of Buckley.

Fred Birks VC (1894-1917). Yn enedigol o Fwcle, roedd yn frawd iau i Samuel Birks (aelod o Gyngor Dosbarth Trefol Bwcle 1919-22). Ddechrau'r Rhyfel Byd Cyntaf, listiodd yn y *1st Australian Division*. Ar ôl gwasanaeth clodwiw yn Gallipoli a Ffrainc – pryd yr enillodd y Fedal Filitaraidd ym 1916 – enillodd Groes Victoria am ei 'ddewrder amlwg' yn ystod trydedd frwydr Ypres, pryd yr anafwyd ef yn angheuol ar 21 Medi 1917.

Fred Birks VC (1894-1917). Born in Buckley, he was the younger brother of Samuel Birks (member of Buckley UDC, 1919-22). At the start of the First World War, he enlisted in the 1st Australian Division. After distinguished service in Gallipoli and France – for which he gained the Military Medal in 1916 – he was awarded the Victoria Cross (VC) for his 'conspicuous bravery' at the third battle of Ypres during which he was fatally wounded on 21 September 1917.

Cwmni 1af Bwcle, Brigâd y Bechgyn, 1915. Cefnogid y cwmni hwn gan eglwysi'r Methodistiaid Cyntefig yn ardal Bwcle.
1st Buckley Company, Boys' Brigade, 1915. This company was supported by the Primitive Methodist churches in the Buckley district.

Band Jazz Bwcle yng Ngŵyl Bandiau Jazz Treffynnon, 1920. Cefnogid y band gan Eglwys Sant Matthew a Chlwb Pêl-droed Bwcle. Gwelir yma Bert Dolby (yr ail o'r chwith yn gwisgo trilby), a oedd yn berchennog siop fferins ger y Groes.
Buckley Jazz Band at Holywell Jazz Band Festival, 1920. The band was supported by St Matthew's Church and Buckley Football Club. Seen here is Bert Dolby (second from left, wearing trilby) who had a sweet shop near the Cross.

Band Tref Bwcle, tua 1910. Fe'i sefydlwyd ym 1822, a chredir mai hwn yw band hynaf Bwcle.
Yn wreiddiol cynhwysai offerynnau corsen a phres. Gwelir yma Jim Griffith, y bandfeistr (y
pumed o'r chwith, rhes flaen), ei feibion Johnny a Harry Griffiths, a'i frawd Johnny Griffiths,
Arthur Griffiths (Ewloe Place), Arthur Griffiths, Jim Griffiths (Victoria Road), Harry Roberts
(Mill Lane), Bill Hughes, Arthur Bellis (Park Road), ? Davies (Little Mountain) Vince Roberts,
? McAvoe (Daisy Hill), Albert Davies (Drury).

Buckley Town Band, c. 1910. Formed in 1822, and thought to be the oldest band in Buckley, it originally played both reed and brass instruments. Seen here are Jim Griffiths, bandmaster (fifth from left, front row), his sons Johnny and Harry Griffiths, and brother Johnny Griffiths, Arthur Griffiths (Ewloe Place), Arthur Griffiths, Jim Griffiths (Victoria Road), Harry Roberts (Mill Lane), Bill Hughes, Arthur Bellis (Park Road), ? Davies (Little Mountain), Vince Roberts, Arthur Griffiths, ? McAvoe (Daisy Hill), Albert Davies (Drury).

Buckley Glee Club, 1930. Harry Phillips (yn y canol) oedd arweinydd y côr cymysg hwn ac Arthur Bellis (i'r dde o'r canol) oedd y pianydd.
Buckley Glee Club, 1930. The conductor of this mixed choir was Harry Phillips of Padeswood Road (centre), and Arthur Bellis of Church Road (right of centre) was pianist.

Gyferbyn: Cynhyrchiad Pantomeim Bwcle o *Cinderella*, 1930au. Gwelir yma Winnie Spencer, a oedd yn athrawes yn Ysgol Bistre, fel *Prince Charming*, a Mrs Peggy Downey, Brunswick Road fel *Cinderella*. Cynhyrchwyd y pantomeim cyntaf ym Mwcle ym 1932 ac fe'u cynhelid yn y Tivoli bob blwyddyn ym mis Chwefror neu Fawrth, am bythefnos fel arfer. Perfformiwyd y sioe olaf ym 1959.
Opposite: Buckley Pantomime production of Cinderella, *1930s. Seen here are Winnie Spencer (schoolteacher at Bistre School) as Prince Charming, and Mrs Peggy Downey (Brunswick Road) as Cinderella. The Buckley Pantomime was first produced in 1932 and was staged at the Tivoli each year in February or March, usually running for two weeks. The last show was given in 1959.*

Dennis Griffiths (1895-1972). Efallai mai fel cynhyrchydd a chyfarwyddwr cerddorol Pantomeim Bwcle 1933-59 yr adwaenir ef orau. Roedd yn ŵr blaenllaw ym mywyd artistig a diwylliannol Bwcle a Chymru'n gyffredinol. Roedd yn gynhyrchydd *Buckley Drama Circle*, yn sefydlydd *Buckley Young People's Cultural Association*, ac, yn ddiweddarach, yn warden Canolfan Gymuned Hawkesbury. Yn ogystal, yr oedd yn organydd yng Nghapel yr Annibynwyr, Sant Ioan. Chwaraeai ran flaenllaw mewn llywodraeth leol fel Ynad Heddwch, cynghorydd Sir y Fflint ac fel henadur, 1949-72, ac yr oedd yn gadeirydd llywodraethwyr Ysgol Elfed. Mae ei hunangofiannau *Out of this Clay* (1960) a *Talk of My Town* (1969) yn parhau i gael eu darllen yn eang.

Dennis Griffiths (1895-1972). Perhaps best known as the producer and musical director of the Buckley Pantomime (1933-59), Dennis Griffiths was a leading figure in the artistic and cultural life of Buckley, and of Wales generally. He was a producer for the Buckley Drama Circle, a founder member of Buckley Young People's Cultural Association, and, later, warden at Hawkesbury Community Centre. He was also organist at St John's Congregational Chapel. In local government he played a prominent role as a JP, Flintshire councillor and alderman (1949-72), and chairman of Elfed School governors. His autobiographical Out of this Clay *(1960) and* Talk of My Town *(1969) are still widely read.*

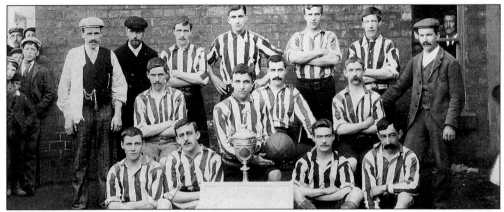

Tîm pêl-droed Tref Bwcle, 1898, pencampwyr Cynghrair Cilgwri a'r Ardal, ac enillwyr cystadleuaeth y *Pike Challenge Cup*, 1897-98. O'r chwith, rhes gefn: G. Price (hyfforddwr), T. Lindop, E. Thomas, A.R. Hood, R. Edwards, H. Griffiths, A. Everall (ysgrifennydd); rhes ganol: A. Taylor, E. Pickering, W. Snell; rhes flaen: W. Garrett, B. Phillips, J.I. Brooks (yn dal y bêl), G.E. Carroll, R. Browne. Sefydlwyd y clwb ym 1887.

Buckley Town football team, 1898, champions of the Wirral & District League, and winners of the Pike Challenge Cup, 1897-98. From left, back row: G. Price (trainer), T. Lindop, E. Thomas, A.R. Hood, R. Edwards, H. Griffiths, A. Everall (secretary); middle row: A. Taylor, E. Pickering, W. Snell; front row: W. Garrett, B. Phillips, J.I. Brooks (with ball), G.E. Carroll, R. Browne. The club was formed in 1887.

Clwb Criced Bwcle, tua 1912. O'r chwith, rhes gefn: William Newton, Frank Moore, Harry Griffiths, John William Williamson, Harry Lamb; rhes ganol: Arthur Peters, George Armstrong Parry; rhes flaen: Tommy Roberts, Thomas Lindop. Fe'i sefydlwyd yn swyddogol ym 1889 o dan gadeiryddiaeth G.A. Parry (gwelir ei lun uchod), cynghorydd sir cyntaf Bwcle a chadeirydd Cyngor Dosbarth Trefol Bwcle yn ystod y chwe blynedd cyntaf. Roedd maes y clwb criced y tu ôl i hen dafarn y Feathers.

Buckley Cricket Club, c. 1912. From left, back row: William Newton, Frank Moore, Harry Griffiths, John William Williamson, Harry Lamb; middle row: Arthur Peters, George Armstrong Parry; front row: Tommy Roberts, Thomas Lindop. The club was officially founded in 1889 under the chairmanship of G.A. Parry (pictured above), Buckley's first county councillor and chairman for the first six years of Buckley UDC. The cricket club had its ground behind the old Feathers Inn.

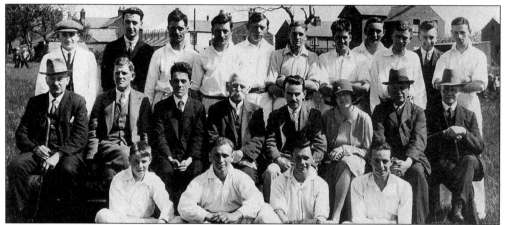

Tîm criced Eglwys Annibynnol Bwcle, ar y maes criced yn Mill Lane, 1928. O'r chwith: Griff
Humphries (dyfarnwr), William Ithel Roberts (sgoriwr), Jack Kelly, Griff Kelly, Joe Roberts, Joe
Lewis (capten), Ralph Catherall, Allan Brown, Trevor Cropper, Neil Cropper, Arnold
Hannaby; rhes ganol: Edward Bellis YH, Dr John Griffiths, Y Parch. W. Meurig Thomas
(gweinidog capel yr Annibynwyr), Mr Vaughan (Lerpwl), Uwchgapten George Alletson
(rheolwr), a Mrs Alletson, ei wraig, John Alletson (perchennog), Mr Hannaby; rhes flaen:
Harry Richardson, Ernie Hobson, Enoch Hobson, Richard Herbert Bellis.

*Buckley Congregational Church cricket team, pictured on the cricket ground in Mill Lane, 1928. From
left, back row: Griff Humphries (umpire), William Ithel Roberts (scorer), Jack Kelly, Griff Kelly, Joe
Roberts, Joe Lewis (captain), Ralph Catherall, Allan Brown, Trevor Cropper, Neil Cropper, Arnold
Hannaby; middle row: Edward Bellis JP, Dr John Griffiths, Rev W. Meurig Thomas (minister,
Congregational chapel), Mr Vaughan (Liverpool), Major George Alletson (manager of the Castle Fire
Brick Co.) and Mrs Alletson (his wife), John Alletson (owner of the Castle Fire Brick Co.), Mr
Hannaby; front row: Harry Richardson, Ernie Hobson, Enoch Hobson, Richard Herbert Bellis.*

Tîm pêl-droed *Buckley Wednesday*, 1904-05. Perchenogion siopau a phobl fusnes oedd aelodau'r
tîm hwn gan fwyaf. Y tîm a welir yma yw, o'r chwith, rhes gefn: A. Owen, Dr Hudsmith, C.
Owen, A. Griffin, W. Everall, J. Bellis, J. Beck; rhes ganol: H. Tant, E. Morris, H. Maddock;
rhes flaen: J. Wright, W. Bentley, A. Griffiths, D. Rowlands, J. Rogers.

*Buckley Wednesday FC team, 1904-05. The membership of the club was drawn mainly from
shopkeepers and business people. The team seen here is, from left, back row: A. Owen, Dr Hudsmith,
C. Owen, A. Griffin, W. Everall, J. Bellis, J. Beck; middle row: H. Tant, E. Morris, H. Maddock;
front row: J. Wright, W. Bentley, A. Griffiths, D. Rowlands, J. Rogers.*

Clwb Tenis Eglwys Sant Matthew, 1930au. Yn eistedd yng ngerddi'r ficerdy y mae, (o'r chwith) Jack Davies, Hilda Millington, Closs Davies, Dorothy Gibson, ? Wilson, Alma Wilson, Irene Thompson, ac yn y blaen, Edward Richards a Fred Watkinson.
St Matthew's Church Tennis Club, 1930s. Seated in the grounds of the vicarage are (from left): Jack Davies, Hilda Millington, Closs Davies, Dorothy Gibson, ? Wilson, Alma Wilson, Irene Thompson, and in front, Edward Richards and Fred Watkinson.

Bws a cheffylau wedi eu haddurno ar gyfer y Jiwbilî, tua 1896. Roedd y bws yn perthyn i Fred Hughes o Fwcle. Cymerwyd y ffotograff y tu allan i Brunswick House, sydd bellach yn rhan o ganolfan siopa Bwcle.

Bus and horses decorated for the Jubilee, c. 1896. The bus belonged to Fred Hughes of Buckley. This photograph was taken outside Brunswick House (since demolished; the site now being part of Buckley's shopping precinct).

Gyferbyn: Tîm pêl-droed Amatur Bwcle, y tu allan i Dafarn y Grandstand, Burntwood, tymor 1928-29. O'r chwith, rhes gefn: John Lewis, Thomas John Catherall, Tommy Griffiths; rhes ganol: Jim Kelly, Edward Griffiths, Peter Iball, ? Wyatt, Tom Jenkins, R. Shone, Bert Parry, Jack Kelly; rhes flaen: Cyril Shone, Jim Harold Hughes, John Bevan, -?-, J. Kelsall, Harold Thornton.

Opposite: Buckley Amateur FC team outside the Grandstand Inn, Burntwood, 1928-9 season. From left, back row: John Lewis, Thomas John Catherall, Tommy Griffiths; middle row: Jim Kelly, Edward Griffiths, Peter Iball, ? Wyatt, Tom Jenkins, R. Shone, Bert Parry, Jack Kelly; front row: Cyril Shone, Jim Harold Hughes, John Bevan, -?-, J. Kelsall, Harold Thornton.

Pobl Bwcle yn mwynhau diwrnod allan adeg y Jiwbilî, 1890au. Dechreuodd y Jiwbilî ym 1857 fel gŵyl a gorymdaith y Gobeithlu yn sgîl y diwygiad dirwestol mawr yn ystod y 1850au. Yr Annibynwyr a'r Methodistiaid Cyntefig a Chalfinaidd oedd y prif rai a gymerai ran. Digwyddiad anghydffurfiol ydoedd am nifer o flynyddoedd ac nid tan 1933 y cymerodd eglwys Sant Matthew, sef eglwys y plwyf, ran yn y digwyddiad. Ymunodd yr Eglwys Gatholig â gorymdaith y Jiwbilî am y tro cyntaf ym 1970.

Buckley people out for the day at the Jubilee, 1890s. The Jubilee began in 1857 as a Band of Hope festival and procession. This followed a great temperance revival in the 1850s in which the Congregational, Primitive Methodist and Calvinistic Methodist causes were the principal participants. For many years it was a nonconformist event. It was not until 1933 that St Matthew's parish church took part, and in 1970 the Roman Catholic church joined the Jubilee procession for the first time.

Gorymdaith Jiwbilî Bwcle yn gorymdeithio i lawr Brunswick Road, 1917.
Buckley Jubilee procession making its way down Brunswick Road, 1917.

Grŵp priodas yn Fferm Pren Hill, tua 1925. Mae'r priodfab, Oswald Prydderch, a'r briodferch Lizzie Evans, a briodwyd yng Nghapel MC Cymraeg Ffordd Yr Wyddgrug, Bwcle, yn eistedd gyda'u gwesteion; yn eu plith y mae Thomas Jones, Mr a Mrs Bewley, Glyn Jones (crydd a Swyddfa'r Post ar y Sgwâr), Charles Smith, Mary Jones, Janet Jones, Mrs Margaret Salter, Nellie Hopwood (Y Sgwâr), Margaret Griffith (yn ddiweddarach Mrs Catherall, Tŷ Capel), Mr a Mrs Robert Jones, Ethel Prydderch, Mr a Mrs Whitley (Mancot) a'u mab, William Whitley, Nancy Davies, Katie Davies (sy'n dal y babi, Nancy Jones), Ceridwen Jones, Bet Salter, Gladys Salter.

Wedding group at Pren Hill Farm, c. 1925. Groom Oswald Prydderch and bride Lizzie Evans, who were married at the Welsh CM Chapel, Mold Road, Buckley, are seated with their guests, who include Thomas Jones, Mr and Mrs Bewley, Glyn Jones (cobbler, and post office, Square), Charles Smith, Mary Jones, Janet Jones, Mrs Margaret Salter, Nellie Hopwood (Square), Margaret Griffith (later Mrs Catherall, Chapel House), Mr and Mrs Robert Jones, Ethel Prydderch, Mr and Mrs Whitley (Mancot) and son William Whitley, Nancy Davies, Katie Davies (holding baby Nancy Jones), Ceridwen Jones, Bet Salter, Gladys Salter.

Gorymdaith yn dathlu Jiwbilî Arian y Brenin Siôr V, yn gorymdeithio ar hyd Windmill Lane, 1935. Rhoddwyd cloc uwchben y fynedfa i'r pwll nofio yn Ffordd Yr Wyddgrug i goffáu'r dathlu; mae'r cloc yno o hyd.

Procession celebrating the Silver Jubilee of King George V, passing along Windmill Lane, 1935. To mark the anniversary, a clock (which is still in place) was mounted above the entrance to the swimming baths in Mold Road.

Coelcerth i ddathlu Jiwbilî Arian y Brenin Siôr V, 6 Mai 1935. Ar ddiwedd y diwrnod dathlu cynhaliwyd cymanfa ganu i gyfeiliant Band y Dref ar y Comin. Am 10.30pm cynheuodd cadeirydd Cyngor Dosbarth Trefol Bwcle y bigwn a oedd wedi ei godi ar ben hen Lofa'r Mountain, a dilynwyd hyn gan dân gwyllt.

Bonfire to celebrate the Silver Jubilee of King George V, 6 May 1935. At the end of a day of celebrations there was community singing in the evening accompanied by the Town Band on the Common. At 10.30pm the chairman of Buckley UDC lit the beacon built on top of the disused Mountain Colliery, and a fireworks display followed.

Wythnos Llongau Rhyfel Bwcle, 7-14 Mawrth 1942. Gwelir y Lleng Brydeinig a'r *Voluntary Aid Detachment* yn gorymdeithio ar hyd Ffordd Yr Wyddgrug ar 7 Mawrth. Roedd Bwcle wedi mabwysiadu'r llong ysgubo ffrwydron, HMS *Foxtrot*, ac yn ystod yr wythnos codwyd £65,322 tuag at ei phrynu a thuag at brynu offer ar ei chyfer. Ymhlith y digwyddiadau i godi arian yr oedd gorymdeithiau milwrol, amddiffynwyr sifil a'r Gwarchodlu Cartref a chyfarfod cyhoeddus yn cynnwys siaradwyr enwog (gan gynnwys Lloyd George) yn Theatr y Tivoli.

Buckley 'Warships Week', 7-14 March 1942. The British Legion and Voluntary Aid Detachment are seen marching along Mold Road on 7 March. Buckley had adopted the mine-sweeper HMS Foxtrot and during this week raised £65,322 towards its purchase and equipping. Fund-raising events included parades of the military, Civil Defence, and Home Guard, and a public meeting of eminent speakers (including Lloyd George) at the Tivoli theatre.

Garddwest eglwys Bistre, tua 1912-15, gyda disgyblion o Ysgol Bistre'n perfformio.
Pupils from Bistre School performing at Bistre church garden fête, c. 1912.

Agoriad swyddogol Hawkesbury Hall, 13 Medi 1948. Sefydlwyd *Buckley Young People's Cultural
Association* ym 1944 gyda'r nod o gryfhau gweithgareddau diwylliannol a chymdeithasol lleol.
Chwe mis yn ddiweddarach, roedd wedi prynu Hawkesbury House a'r tir i'w ddefnyddio fel
canolfan gymuned ar gyfer Bwcle ac fe'i hagorwyd ym mis Gorffennaf 1945. Ym 1948
ychwanegwyd ato adeilad newydd ar gyfer cyngherddau a chynhyrchiadau drama a'i galw'n
Hawkesbury Hall. Dennis Griffiths (y dde eithaf) oedd llywydd yr agoriad swyddogol, gyda
chymorth Mr P.A. Lewis AEM (yn sefyll) a J.E. Messham, ysgrifennydd, (y chwith eithaf).
Cynrychiolwyd yr adeiladwyr, y Brodyr Shone, gan Wilfred Shone.
*Official opening of Hawkesbury Hall, 13 September 1948. The Buckley Young People's Cultural
Association was formed in May 1944 with the objective of strengthening local cultural and social
activity. Six months later it had purchased Hawkesbury House and grounds for use as a community
centre for Buckley which was opened in July 1945. To this, in 1948, was added a new building for
concerts and drama productions called Hawkesbury Hall. Dennis Griffiths (far right) presided at its
official opening, supported by Mr P.A. Lewis, HM Inspector (standing) and J.E. Messham, secretary
(far left). The contractors, Shone Bros, were represented by Wilfred Shone.*